성체:

예수님의 참 현존

성체: 예수님의 참 현존

초판 발행일 **2016년 6월 2일**
2쇄 발행일 **2017년 9월 1일**

지은이 **로버트 드그란디스, 유진 피터 코쉐니나 공저**
옮긴이 **백 젬마마리**
펴낸이 **김미희**
펴낸곳 **몽트**

출판등록 2012.12.20 제 2014-0000-38호

주소 안산시 단원구 선부광장북로 36
전화 **031-501-2322** 팩스 **031-501-2321**
메일 memento33@hanmail.net

값 8,000원
ISBN 978-89-6989-014-6 03810

성체:
예수님의 참 현존

로버트 드그란디스
유진 피터 코쉐니나 공저
백 젬마리 옮김

감사의 말

이 책에 도움을 준 텍사스 주 클리어 레이크(Clear Lake)에 사는 유진 코쉐니나(Eugene Koshenina)에게 특별히 감사드리고 싶다.

"성체안에 계시는 그리스도의 현존은 축성하는 순간 시작되고, 성체 조각이 존재하는 한 지속된다. 그리스도께서는 각 조각 안에 온전하게 현존하시며, 빵을 나눔으로써 그리스도께서 나누어지시지 않는 방식으로 각 부분마다 온전하게 현존하신다."(가톨릭 교리서 The Catholic Catechism, 1377조항)[1]

−성요셉수도회 로버트 드그란디스 신부

"그리스도의 성체로써
제가 영원한 생명에 이르도록 지켜주소서. 아멘."

---

[1] 가톨릭 교리서 Libreria Editrice Vaticana, Catechism of The Catholic Church, p.347, #1377, United States Catholic Conference, 3211 Fourth Street, NE Washington, DC 20017-1194, 1994.)

서문

　내 삶의 첫 번째 중대한 전환점은 첫 영성체였다. 내게 멋진 일이 일어났는데 나를 사랑하시는 분이 다름 아닌 예수 그리스도이시라는 사실을 알았던 것이다. 기억할만한 그날에 나는 마음 깊이 감동을 받았다. 그때부터 성체성사는 언제나 내 삶의 중심이 되었다. 언젠가 나폴레옹이 어느 기자와 면접을 하면서 생애 중 가장 행복한 날이 언제였느냐는 질문을 받았다는 말을 들은 기억이 난다. 그는 "첫 영성체 날이었다." 고 대답했다.

　대부분의 사람들은 종교적인 체험 가운데서 신성한 것, 거룩한 것을 추구하고 있다. 발현장소나 경당에 사람들이 얼마나 많이 몰려드는지 보라. 우리 모두의 내면에는 신적이고 거룩한 것에 대한 성향이 내재되어 있다. 어떤 이들은 그것을 덮어 두지만 모든 이 안에 있다.

　어떤 저자는 아이들이 태어나기 전에 모두 하느님 체험을 하며, 그래서 한때 그들을 전율케 한 완전한 사랑이신 분에게 이끌리는 중력과 같은 힘이 심어진다고 말한다. 우리 중 많은 이들이 살아가는 가운데, 때로는 성체를 모시면서, 예수님을 인격적으로 체험하기 때문에 그분의 신성과 부활을 믿는다.

최근에 캐나다의 한 개신교 목사가 예수 그리스도의 신성이나 부활을 믿지 않는다고 말함으로써 전국적인 논쟁의 불씨를 일으켰다. 그래서 거센 반발이 일어났다. 사람들은 대단히 화가 났다. 당연하지 않은가!

어떤 조사에서 가톨릭 신자 중 70%가 성체 안에 예수님이 정말 현존하신다는 것을 믿지 않는다고 답했다. 그래서 나는 이 책을 써야 했다. 예수님의 성체적 현존에 대해서 아무리 많이 읽는다고 한들 그것으로 넉넉하다고 할 수가 없다.

주님, 독자 한 사람 한 사람을 풍성히 축복해 주시고, 이 위대한 신비를 깨달을 수 있도록 천상적 통찰로써 깊이 어루만져 주소서. 아멘.

−로버트 드그란디스 신부(성요셉회)

증언

[성체: 예수님의 참 현존]은 성요셉회 로버트 드그란디스 신부님과 함께 저술한 특전을 받은 책들 중 내가 가장 좋아하는 책 중 하나였다. 이 책은 1997년 12월31일, 뉴 햄프셔 주 댄빌에 있는 성 프란치스코의 작은 자매회 수녀원에서 있었던 가장 주목할 만한 계시에 의해서 영감을 받아 쓴 것이었다. 작은 자매회 수녀들이 천사처럼 기도하는 것에 귀 기울인 다음, 한 밤중이 되었고 새해 미사 시간이 되었다.

스물다섯 명쯤 되는 우리는 소성당으로 정렬해 들어갔다. 아무 일도 없이 평소처럼 미사가 시작되었다. 드디어 성체 축성시간이 되었다. 드그란디스 신부가 거의 제대 가까이에 머리를 숙인 다음, 머리 위로 성체를 들어 올리고, 눈을 감고, 기도했다. 갑자기 찬란한 빛줄기가 성체 위에 수직으로 내려 꽂혔다. 그 넓이가 약 7cm로서 성체의 길이를 다 덮었다. 빛줄기는 이렇게 2초가량 머물다가 눈이 따라갈 수 없을 만큼 빨리 퍼졌다.

빛줄기는 가장 아름다운 색깔의 성모님 모습으로 변했다. 성모님은 푸른색과 흰색의 옷을 입고 나타나셨다. 성체 아래에서 반 인치 뜨고, 위에서 딱 반 인치에 맞게 가운데 서 계셨다. 나는 그 모습에 압도되었으나, 정신을 차려, 눈 감은 채 기도하고 있는 아내를 쿡 찔렀다. 그녀는 놀라서 눈을 떴다. 성모님의 모습은 4초쯤 머물다가 한 순간에 사라졌다.

　거의 즉시 첫 번 것과 똑같이 두 번째 찬란한 빛이 따라왔다. 이 빛줄기를 따라 나타난 모습은 환한 붉은 색과 흰 색의 예수 성심이었다. 첫 번째 성모님 모습처럼 그렇게 나타나셨다. 그 다음, 세 번째 빛줄기가 보이면서 예수성심 홀로, 분명하고, 밝고, 완전한 모습으로 나타났다. 그리고 처음의 두 모습처럼 사라졌다. 드그란디스 신부는 아주 놀라운 일이 방금 일어났다는 것을 완전히 모른 채 머리를 들면서 성체를 내렸다.

　우리는 성체를 모시고 미사가 끝난 후에 이 기적적인 사건에 관하여 모두 흥분해서 이야기를 나누었다. 거의 모두가 그것을 보았기에 우리는 황홀할 지경이었다.

주 예수님, 당신의 작은 아이들인 저희에게 당신 자신을 계시해주셔서 감사드립니다!

유진 피터 코쉐니나

휴스턴, 텍사스

2006년

차례

감사의 말	004
서문	005
증언	007
성체란 무엇이며, 언제 이루어지며, 왜 주시는가?	013
믿는 이는 복되다	021
성체의 선물에 집중하라	041
위대하신 치유자 예수님	061
두음문자를 기억하라 : E-U-C-H-A-R-I-S-T	079

성체란 무엇이며, 언제 이루어지며, 왜 주시는가?

성체란 무엇이며, 언제 이루어지며, 왜 주시는가?

성체성사는 인류에게 주신 하느님 사랑의 가장 위대한 선물이다! 예수께서 그 선물이시고, 우리가 받는 이들이다. 성체를 모심으로써 그리스도와 더 친밀하게 일치되기 때문에, 성체를 합당하게 모신다면, 마치 그리스도께서 이 땅에 사셨을 때 바로 그분 곁에서 살아가듯이 하느님께 대한 더욱 친밀한 현존을 깨닫게 된다. 그리스도께서 우리 안에 계시고 우리의 일부가 되신다.

성체는 특별히 또 오로지 인류를 위해 창조되었다. 천사들이나 대천사, 능품천사들이나 케루빔도 성체를 영할 수 없다. 하느님의 옥좌를 둘러싸고 있는 그 오래된 네 생물, 세라핌도 성체를 영할 수 없다.

성녀 마가렛 매어리(Margaret Mary)는 그녀의 묵상집 [사랑이 요구하는 대로 하라][2]에서 이렇게 말한다.

---

(2) Hammons, Harriet & Ameche, Carol. Do Whatever Love Requires, Queenship Publishing Company, PO Box 42028, Santa Barbara, CA 93140-2028, 1997.

"그분이 사랑하시는 대로 사랑한다는 것 그분은 찬미 받으실 성체성사 안에, 그대가 영성체 때 모시는 그 작은 밀떡 안에, 그리고 성광 안에서 보는 그 밀떡 안에 숨어 계시려고 겸손하게 작음을 취하셨다. 가톨릭 교리서 1098항에서는 미사에 대해 다음과 같이 말한다."

"회중은 주님을 만날 자세를 갖추고 '잘 준비된 사람들이 되기 위해 스스로 차비를 차려야 한다 이 자세는 미사 자체를 드림으로써 주어지는 다른 은총의 선물들과 미사 후에 맺어지게 되어 있는 새로운 생명의 열매들을 받기 위한 전제 조건이다.' 그뿐 아니라, 성체성사에 이어 즉시 따라오는 하느님의 커다란 축복 속에 푹 '잠길' 필요가 있다."

왜 하느님께서는 실체변화를 통하여 당신의 몸이 되도록 빵을 택하셨을까? 아마도 그건 빵이 음식의 주된 품목이기 때문이었으리라. 영적인 것을 제시하고 설명하기 위해 물리적인 것을 영적인 것과 관련시킴으로써, 하느님께서는 주님의 기도에 나타나는 우리의 일용할 빵인 성체성사의 영적 자양분을 강조하기를 원하셨을 것이다. 빵은 성서 안에서 눈에 띄게 언급이 된다. 예를 들면, "여보게, 빵 세 개만 꾸어 주게."(루카 11,5), "그

여자는 밀가루를 가져다가 누룩 없는 빵을 구웠다."(1사무엘 28,24). 하느님께서는 예언자 에제키엘에게 "에제키엘 빵"이라고 부르게 된 조리법을 주셨다. "밀 보리, 잠두, 제비콩, 조, 쌀을 섞어서 만들어야 한다."(에제키엘 4,9). 내친 김에 하는 말인데, 에제키엘 빵이야말로 온갖 빵 중 가장 영양가 높으며 필수 아미노산이 다 들어있으며, 이런 말을 할 수 있는 유일한 음식이다.

왜 하느님께서는 당신 피를 실체 변화시키기 위해서 포도주를 택하셨을까? 포도의 이름난 치유력 때문이었을까? 디모테오에게 보낸 사도 바오로의 서간을 읽어 보라: "이제부터는 물만 마시지 말고 그대의 위장과 잦은 병을 위해 포도주를 좀 마시도록 하시오"(1디모 5,23). 현대에 들어와서 포도주는 심장병을 예방하는 주된 수단으로 재조명되었다. 자기 전에 포도주를 한두 모금씩 마시라는 의사의 말을 들은 심장병 환자들을 나는 알고 있는데 포도주가 심장 혈관병을 예방하는 힘이 있다는 증거라도 있는가? 프랑스인들은 지방이 많이 들어있는 음식을 먹는 걸로 알려져 있지만, 심장병 건수가 적은 사실을 살펴보자. 사람들은 그들의 식이요법을 연구해보았다. 연구원들은 포도주를 마시는 것이 지방이 많이 든 음식을 먹는데도 여전히 건강

할 수 있는 비결이라는 결론을 내렸다. 트렌트 공의회는 가톨릭 교리서 347쪽 1376항에서 실체변화를 다음과 같이 요약한다:

"빵과 포도주의 축성으로 빵의 실체 전부가 우리 주 그리스도의 몸으로 변화하고, 포도주의 실체 전부가 그분의 피로 변화한다. 이 변화를 거룩한 가톨릭교회는 적절하고 적합하게 실체변화라고 불러왔다."

누군가가 하느님을 창조주로, 예수님을 완전히 하느님으로 받아들인다면, 예수님께서 당신 뜻대로 어떻게 하나의 실체를 변화시키실 수 있는가를, 즉 어떻게 해서 실체변화를 이룰 수 있는가를 알기 위한 큰 걸음을 내디딘 것이다. 성경의 역사를 살펴보자. 예수님께서 빵과 물고기를 많게 하셨을 때 실체의 본성을 바꾸시지 않았는가? 가나 혼인잔치에서 물을 포도주로 바꾸셨을 때 실체의 본성을 바꾸시지 않았는가? 창조주로서 당신 자신의 거대한 창조물의 미소한 입자의 실체를 변화시키는 것이 얼마나 쉬운 일일까요!

가톨릭 교리서, 342쪽, 1358항에 입각해서 성체성사의 정의를 좀 더 살펴볼 수 있으니 다음과 같이 진술하고 있다:

그러므로 우리는 성체성사를 아버지께 드리는 감사와 찬미로, 그리스도와 당신 몸을 희생하는 것의 기념으로, 그분의 말씀과 영의 능력에 의한 그리스도의 현존으로 생각할 수 있다. 성체성사, 즉 십자가 위에 매달리신 그리스도께서 이룩하신 우리 구원의 성사는 또한 창조사업을 위한 찬미와 감사의 제사이기도 하다 성체성사는 창조와 구원과 성화를 통해 그분이 이룩하신 모든 것에 대해 아버지께 드리는 감사의 제사이다 성체성사는 또한 교회가 모든 피조물의 이름으로 하느님의 영광을 노래하는 찬미의 제사이다 이 찬미의 제사는 오로지 그리스도를 통해서만 가능하다.

다음은 우리가 사랑을 다해 성체성사를 모셔야 하는 세 가지 이유다.

첫째, 영성체는 신비체 안에서 그리스도와 우리의 일치를 돈독케 한다. 성체성사는 우리를 죄에서 분리시킨다. 가톨릭 교리서 351쪽 1393항은 말한다:

"영성체로써 우리가 모시는 그리스도의 몸은 '우리를 위해 바

치신' 것이며 우리가 마시는 피는 '많은 이의 죄 사함을 위해 흘리신' 피다. 이런 까닭에 성체성사는 과거의 죄에서 우리를 정화시키고 또 동시에 미래의 죄로부터 보호하여 반드시 우리를 그리스도께 일치시킨다."

둘째로, 매일 죄를 짓는 까닭에, 나는 항상 치료제가 필요하다. 성체성사를 더 많이 받으면 받을수록 나는 그리스도와 더욱 친밀한 우정을 발전시킨다. 예수님과 죄는 물과 기름을 섞는 것과 같이 공존할 수 없으므로, 그리스도와 나의 우정이 친밀해질수록 나는 죄를 덜 짓게 된다. 예수님은 나의 구원이시다.

셋째로, 하느님의 온갖 축복에 대해 감사를 드리지 않는 이가 얼마나 많은가! 하느님을 믿지 않는 무신론자들도 있지 않은가! 은인에게 고마움과 감사를 느끼지 않는다면 비인간적인 노릇이 아닐까? 우리가 은혜를 베풀고서도 칭찬과 감사를 받지 못하거나 인정조차도 못 받는다면 어떤 기분이 들까? 부모들은 흔히 어린 자녀들의 감사나 칭찬이 부족한 것을 경험한다. 우리를 창조하시고 보존하시고 키워주시는 하느님 아버지께 마땅히 찬미와 감사를 드릴 줄 알아야 한다. 하물며 영원한 생명과 영원한 행복의 선물과 약속에 대해 얼마나 큰 찬미와 감사를 드려야 하겠는가? 믿음과 은총으로 성체성사를 받아 모실 때마다 우리는 영원무궁토록 영구적인 일치와 우리 자신을 위한 행복에 큰 걸음을 내딛는 것이 아닌가!

성모 마리아께서 발현하신 크로아티아의 메쥬고리예(Medjugorje)의 아이들에게 우리 인간의 상태로는 미사의 장엄함을 알아들을 수 없으며, 모든 미사의 핵심이라고 말씀하신 것으로 알려져 있다. 미사에 참여해서 기회가 닿는 대로 받아 모심으로써 하느님께 우리의 감사를 보여 드려야 하지 않겠는가!

믿는 이는 복되다

믿는 이는 복되다

　오늘날 미사성제에 예수께서 참으로 현존하신다는 것을 믿지 않는 로마 가톨릭 신자들이 있고, 완전한 인간이시면서 완전한 하느님이신 예수께서 작은 빵 조각에 담겨져 계시다는 것을 믿기 어려워하는 이들이 많다. 개신교 형제들 중 많은 이들이 성체성사가 그저 최후만찬을 상기시키는 하나의 방식이라고만 여긴다. 그러나 가톨릭교회는 사람이시며 하느님, 성부의 외아들이신 예수께서, 빵 조각이 존재하는 한 빵의 축성과 동시에 성체성사 안에 현존하신다고 가르치고 있다. 가톨릭교회의 교리서 가톨릭 교리서, 346쪽 1211항은 다음과 같이 말한다:

　"우리 주 예수 그리스도의 영혼과 신성과 함께, 예수 그리스도의 몸과 피인 가장 복된 성체 안에 온전하신 그리스도께서 참으로, 실제로, 그리고 본질적으로 존재하신다. 이 현존을 실재라 부른다. 가장 충만한 의미의 현존인 까닭이다. 말하자면, 그 현존은 본체적인 현존으로서 신인(神人) 그리스도께서 온전히

그리고 완전히 현존하신다."

"그리스도인으로서 고난을 당하거든 부끄러워하지 말고 도리어 그 이름으로 하느님께 영광을 돌리시오."(1베드 4,16)라고 베드로는 말합니다: "그리스도인으로서 고난을 당하거든 기뻐하시오"(4,13). 첫째로 나는 우리가 고난을 겪을 때 기뻐하는 것이 어렵다고 생각하지만, 둘째로, 우리가 그리스도인이기 때문에 어느 정도로는 모두가 다 고난을 받는다고 생각한다. 사람들은 우리가 누구인가를 알며 우리가 대변하는 것이 무엇인지를 알고 있다. 그들은 농담으로 우리와 우리의 믿음을 웃음거리로 만들기도 한다. 그러나 기도가 필요할 때 주의해 보라. 자주 그들은 우리에게 온다. 그것이 대부분의 성실한 그리스도인들의 체험이다. 그럼에도 불구하고, 사람들이 우리의 믿음과 신념을 웃음거리로 만들 때는 상처를 입고 고통스럽다. 이것이야말로 우리가 그분을 위해 고난을 겪음으로써 주님을 알아갈 수 있는 또 하나의 방식이라고 나는 믿는다. 그러나 우리가 예수님의 성체성사에 뿌리를 박고 그것을 기초로 하여 살아간다면 그래서 예수님의 현존을 모신다면, 우리는 굳건히 서서 우리 주 예수 그리스도의 사람으로 간주될 것이다. 그러나 이는 쉬운 일이 아니다. 특히 나한테는 그렇다.

가톨릭교회를 떠나면서 "예수님, 안녕히 계십시오. 저는 길 아래 저 교회로 갑니다. 거기 가면 좌석이 더 편안하고, 음악도 더 좋고 사람들도 더 친절하고 설교도 훨씬 큰 소리로 합니다."라고 말하는 가톨릭 신자들을 대할 때 나는 문제를 느낀다. 어떻게 사람들이 더 못한 것을 위해 성체성사, 예수님 현존의 성사를 떠날 수 있는가? 이에 관해 나는 매우 마음이 언짢았다. 나는 일어나고 있는 일들과 좀 연결을 갖기 위해 일 년에 두 서너 번은 비가톨릭 신자들을 위한 원정도 가곤 했다. 거기서 가톨릭 신자였던 이들을 많이 만나는 일이 보통이었다. 내가 항상 사제 복장을 하기 때문에 사람들이 다가와서 말하곤 했다.

"신부님, 저는 전에 가톨릭 신자였어요. 가톨릭 신자로 태어났지요. 가톨릭 학교에 다녔습니다." 그들에게 내가 물어보는 질문이 하나 있다. "성체성사에 대해 어떻게 생각합니까?" 아직까지 제대로 된 대답을 들은 적이 없다. "모릅니다.", "거기 관해서 별로 생각해 보지 않았습니다." 혹은 "저한테는 별 의미가 없습니다." 등의 대답을 들었다. 우리가 정말 성체성사의 진리에 뿌리를 박고 그 기초 위에 살고 있다면, 우리가 이 관계를 맺고 살아간다면, 우리는 다른 어느 것 때문에 성체성사를 떠날 수 없으리라. 교회를 떠난 친구들을 보면 성체성사에 대해 어떻게 생각하는지 물어보라. 아마 내가 받은 것과 같은 형편없는 대답을 듣게 될 것이다.

영성체로부터 더 많은 것을 얻으려면 믿음의 "안경"을 쓰고 믿음의 눈으로 바라보라고 말한다. 믿음의 눈으로만 바라보라. 성체를 나누어주는 사제나 성체 분배자를 보지 말고 당신 자신을 주시는 예수님의 영상을 그려보라. 그것이 실제 현실이다. 그분이 성체 분배자들을 통해서 성체를 주고 계신다. 마음속으로 오늘 가장 열망하는 치유를 그분께 속삭여 본다. 알코올중독이나 마약중독, 돈을 헤프게 쓰는 버릇, 과식, 두려움, 죄책감, 원한, 적개심 등을 치유해주시라고 살짝 말씀 드려라. 예수님께서 그분의 성체와 성혈을 주시는 모습을 그려보며 당신의 치유를 위해 마음속으로 살짝 속삭여보라. 그런 다음 자리에 돌아가서 우리 주님과 더불어 말씀을 나누며 성체 모심을 감사드려라.

예수께서는 "우리가 생명을 얻고 또 얻어 넘치게 하시려고"(요한 10,10) 오셨다. 그분의 성체적 현존에 잠김으로써 그분이 사랑으로 우리를 포옹하시도록 해드리기만 한다면 우리 모두가 이 풍성한 생명을 얻을 수 있다. 감실 안에 참으로 현존하시는 예수님의 사랑은 우리에게 우라늄(방사선 금속원소)과 같은 영향을 끼친다.

감실 안에 계시는 예수님 앞에 있을 때 그분의 사랑이 쏟아져 나와 그 사랑의 풍성함으로 우리를 축복해주신다. 보통으로 잘 느끼지는 못하지만 실제로 그런 일이 일어나고 있다. 그것은 마치 우라늄이 가득 찬 방으로 들어가는 것과 같다. 우리 위에 쏟아지는 방사성 물질의 광선을 느끼지는 못하나 방사선은 실제로 강력한 영향을 주고 있다.

예수께서는 우리가 사랑하는 이들의 삶 속에서 은총의 기적을 행하신다고 나는 믿는다. 내 친구들은 성체를 받아 모실 때 에너지와 생각의 명료함을 받는다고 말해주었다. 성체 안에 계시는 예수님께 되돌아가서, 적극적인 교회 생활에 참여한 이들에게 "왜 로마 가톨릭교회로 돌아오셨습니까?" 하고 물어보면, "성체성사에서 더 이상 떨어져 살 수가 없었어요. 영성체로 예수님을 모셔야 했습니다."라는 대답을 가장 많이 듣게 된다. 예수 그리스도께서 성체 안에 살아계심을 믿는 것보다 더 위대한 신앙은 없다고 생각한다.

어느 날 텔레비전에 나오는 타 그리스도교회 목사들에 대해 생각하고 있었는데, 그들은 위대한 신앙을 지닌 사람들이었다. 그들 중 한 사람에게, **"예수 그리스도께서 우리 구원을 위해**

세상에 오셨다는 것을 믿습니까?" 하고 묻는다면 "예"라고 대답할 것이다.

"예수께서 우리를 위해 돌아가셨음을 믿습니까?" 하고 묻는다면 "예"라고 답할 것이다.

"예수께서 승천하심을 믿습니까?" 하고 묻는다면 "예" 하고 답할 것이다.

"예수께서 성부 오른 편에 앉으시며 그리로부터 산 이와 죽은 이를 심판하러 오시리라 믿습니까?" 하고 묻는다면 "예"라고 답할 것이다.

내가 다시 "예수 그리스도께서 성체성사 안에서 우리에게 오심을 믿습니까?" 하고 묻는다면 "아니요, 믿지 않습니다." 하고 대답할 것이다.

그는 충분한 믿음이 없는 것이다. 왜 그럴까? 성경에 쓰인 하느님의 말씀을 믿지 않는가? "이는 내 몸입니다. 이는 내 피입니다."(마태 26,26-28)라는 예수님의 말씀에 대해 어떻게 생각하는 것일까?

    예수께서 성체성사 안에 참으로, 실제로 그리고 본체적으로 현존하심을 믿으려면 놀라운 신앙이 요구된다. 이 신앙은 하느님께서 우리에게 주시는 선물로서, 우리가 마음을 활짝 열고, 자유의사로 받아들여서 하느님께서 계시하신 바가 진리임을 믿을 수 있게 되는 선물인 것이다. 대부분의 가톨릭신자들은 어릴 적부터 성체를 모시기 시작했으므로 성인이 되었을 무렵엔 신앙의 이 위대한 선물을 수없이 받아 모셨다. 예수께서 성체성사에 진실로 현존하신다는 것을 갈라진 형제들이 믿지 않는다는 사실을 이해하려면 힘이 든다. 그런데 예수께서는 우리를 진리로 인도하시려고 성령을 보내주셨다. 그분은 말씀하셨다. "그러나 진리의 영, 그분이 오시면 그대들을 모든 진리 안으로 인도하실 것입니다."(요한 16,13). 우리는 교회가 2,000년이 되었고 이 진리의 말씀이 교회에 그토록 오래 전에 선포되었다는 것을 믿는다. 예수의 참된 현존을 믿는 것이 틀렸다면, 예수께서 거짓말 하신 것이고 교회에 성령을 주시지 않은 셈이 된다. 2천 년 간 가톨릭은 참된 현존을 믿어왔는데 예수께서 우리를 2천년 동안 우상숭배로 이끄실 리가 없지 않은가! 어떤 이들은 빵과 포도주를 축성할 때 참으로 매우 진귀한 일이 일어난다는 사실을

인정해왔다. 텍사스 주 휴스턴에 사는 내 친구의 증언을 들어보자:

"1997년 성령강림 시기에 나는 텍사스 주 디킨슨(Dickinson) 피정의 집에서 드그란디스 신부님이 하시는 피정에 참석하였다. 성령 강림 주일 오후였고 피정 마지막 날이었는데 매우 특별한 일이 일어났다.

신부님이 집전하시는 피정 마지막 미사를 드리는 중이었고 성체를 방금 받아 모셨다. 그런 다음 성혈을 받아 마시기 위해 줄에 서 있었다. 앞 사람들이 다 영하기를 기다린 다음 내 차례가 되었다. 그런데 '포도주'를 마셨을 때 포도주와는 완전히 다른 맛이었다. 나는 충격을 받았다. 포도주가 상했다는 인상을 맨 먼저 받았는데 어느 모로든 포도주 맛이 아니었던 것이다. 그러나 다음 순간 재빨리 그것이 피의 맛이라는 걸 깨달았다. 나는 너무 놀라서 미사가 끝나기를 기다릴 수조차 없을 지경이었다. 미사가 끝나자마자 장궤틀에서 나가지도 않고 흥분한 기색으로 몇 사람들에게 '포도주'가 상하지 않았느냐고, 완전히 맛이 간 것처럼 느끼지 않았느냐고 물어 보았다. 그들은 "아니요, 보통 포도주와 같은 맛이었는데요." 하고 대답했다. 그제야 나는 내가 방금 가장 경탄할만한 은총을, 축성한 후에는 '포도주'가 그냥 '보통 포도주'가 아니라, 실제로 예수 그리스도의 피로 변했다는 것을 직접 알게 된 특별한 기회의 은총을 받았다는 것을 깨달았다." (유진 P. K.)

2천 년간 성령께서는 로마 가톨릭교회 신자들을 이 진리 즉 예수께서 미사성제에 살과 피와 영혼과 신성으로 참으로 현존하신다는 진리로 인도하셨다. 진리의 길로 교회를 인도하시는 성령께서 교회로 하여금 "성체의 신비 가르침 55항 (전례 성성/AAS 59(1967) 568-569)을 천명하도록 인도하셨던 것이다:

"온전히 독특한 방식으로, 하느님이시며 사람이신 그리스도, 온전하시고 전체이신 그리스도께서 성체성사에 실체적으로 영구히 현존하신다." 미사 중 빵과 포도주 안에 그리스도께서 이렇게 현존하심은 실제로 이루어지는 일로서, 이는 여러 다른 종류의 현존이 실제가 아닌 것처럼 배타적인 의미에서가 아니라, 액면 그대로 존재하시는 것이다.

쌩 루이스(St. Louis)에서 피정을 주고 돌아오자마자 나는 텍사스 주 갈베스톤(Galveston)에 내가 상주하는 본당, 거룩한 로사리오 성당에서 일어난 특별한 사건에 관한 이야기를 들었다. 다음 증언은 그때의 일에 관한 내용이다:

"1997년 9월 27일 토요일에 나는 음악 수업을 받으러 가야 했기 때문에 갈베스톤에 있었다. 아침 8시 미사에 참석하기 위해 좀 일찍 갔는데 이 특별한 날 아침에 거룩한 로사리오 성당 주임인 폴 바넷(Paul Banet) 신부님께서 미사를 드리고 계셨다. 신부님이 대 제병을 들어 올려 축성할 시간이 되었다. 성체가 눈높이 위로 들어 올려진 후에 나는 세 갈래 빛줄기가 나타나 성체 위에서 춤추듯 뛰노는 것을 보고 경탄했다. 그 빛줄기들은 몇 피트 떨어진 곳에 있는 촛불의 불꽃과도 비슷했다. 신부님은 성체를 10초 내지 15초가량 들고 계셨는데 불꽃같은 빛줄기들은 기쁨에 겨워 못 견디듯 내내 성체 위에서 뛰놀았다.

"나는 로사리오 성당 미사에 수없이 참여했고 제병을 축성하는 것을 수없이 보았지만 이와 같은 빛줄기가 제병 위에서 뛰노는 것을 본 적이 없었다. 너무도 큰 경외감에 사로잡혀 최면에 걸린 사람처럼 되어버려서 주위 사람들에게 알리지 못했다. 그러나 미사 후에 사제관에 갔다. 폴 신부님과 농담을 좀 나눈 다음에 성체 위에서 빛줄기를 보신 적이 있느냐고 여쭈어 보았다. 신부님의 대답은 단순하고 힘이 있었다. '예'라고 대답하실 때 전혀 놀라시는 것 같지 않았다. 나는 이것이 성체 안에 찬미하올 성삼께서 현존하시는 참으로 아름다운 현현이라는 것, 내가 그 사실을 증언하는 가장 귀한 특전을 받았다는 것을 깨달았다." (유진 P. K.)

아기의 최초의 세포를 확대한 것을 들여다보면 축성된 빵과 닮았다는 것을 아는가? 새로 태어날 온전한 인간이 그 작디작은 세포 안에 들어있으나 그 인간을 볼 수가 없다. 그것은 마치 축성된 빵이 예수님을 온전하게, 즉 살과 피, 영혼과 신성을 보존하고 있음과 같다. 아기의 첫 세포는 완성된 유전자(DNA) 사슬과 그 아기의 유전도표 전체를 지니고 있다. 그렇게 예수님의 전부가 축성된, 누룩 없는 작은 빵 조각에 들어 있는 것이다. 이 경우에 그대의 육안을 믿지 말라. 그렇지 않으면 속아 넘어갈 것이다. 과학자들은 우리가 한 물체의 많은 속성들 가운데 겨우 몇 가지만 본다고 말한다. 오직 믿음만이 예수께서 성체성사 안에 참으로 현존하신다는 것을 믿도록 그대를 도와 줄 수 있다.

우리는 예수 그리스도를 어떻게 알게 되는가? 언젠가 한 젊은 이가 말했다. "모든 이가 다 예수 그리스도께 관한 말을 하지만, 예수님을 어떻게 알 수 있는지 보여줄 수 있는 사람은 매우 적습니다." 그 말을 돌이켜 볼 때 주 예수 그리스도를 아는 가장 위대한 방법 중 하나가 성체를 모시는 거라는 생각이 든다. 천사가 마리아께 나타나셨을 때를 생각해 보라. 마리아가 말했다. "내가 남자를 알지 못하는데 어떻게 이 일이 이루어질 수 있습니까?" 지성으로 아는 것에 대한 말이 아니라 체험으로 안다는 의미였다. 그렇다면, 체험적인 의미로 어떻게 예수 그리스도를 알 수 있을까?

더 친밀하게 예수님을 알 수 있는 방법이 많이 있지만 가장 위대한 방법은 미사성제(감사의 제사, 사랑의 제사, 성체 Eucharist)라고 믿는다. "너희가 사람의 아들의 살을 먹지 않고 그의 피를 마시지 않으면, 너희는 생명을 얻지 못한다."(요한 6,53). 성체성사를 통하여 하느님께서 성체를 받아 모시는 순간에 우리에게 당신 자신에 대한 가장 큰 체험을 주시는데, 하늘과 땅이 어우러지는 참으로 경탄할 신비를 체험하게 하시는 것이다. 언젠가 한 사제가 한 말을 기억한다. "교회의 모든 것, 재산, 성직자를 제대 한 쪽에 두고, 성체성사를 제대 다른 쪽에 둔다면, 성체성사는 반대쪽의 어느 것보다, 또 모든 것을 다 합친 것보다 더 크다. 성체성사가 다른 모든 것을 합한 것보다 큰 것은 바로 성체성사가 주 예수 그리스도이시기 때문이다."

우리는 모두 주님의 승천 대축일을 수없이 경축해왔다. 십 년 전의 일을 기억하는가? 케이프 케네디 상공에서 인공위성 "챌린저"호가 로켓에서 분리되어 폭발한 장면을 많은 이들이 보았다고 생각한다. 모두가 하늘을 올려다보고 있었는데 갑자기 엄청난 폭발이 일어나자 사람들은 로켓의 파괴에 완전히 충격을 받아 기절할 지경이 되었다. 그 장면들을 다시 보면 사람들이 믿을 수 없다는 표정으로 바라보고 있는 모습을 볼 수 있다.

어떤 의미에서 그것은, 예수께서 하늘로 올라가실 때 믿을 수 없을 정도로 큰 기쁨도 느끼지만, 주님께서 하느님 아버지께로 돌아가신다는 것을 거의 믿을 수 없는, 예수 승천의 희미한 영상이리라. 영성체 때 사제가 성체를 들어 올리는 순간에 어떤 의미에서는 바로 그것을 재현하는 것이라고 나는 생각한다. 사제가 성체를 거양하는 순간 사람들은 거의 믿을 수 없다는 듯이 쳐다본다. 이것이 정말 참 하느님이시며 참 인간이신 예수 그리스도이실까? 그렇다. 이 성체가 바로 주 예수 그리스도이시다. 이는 우리 신앙의 놀라운 신비!

주님께서는 자주 우리와 친교를 나누실 뿐 아니라 은총의 기적도 자주 일어난다. 예를 들면, 우리는 사제가 미사 중에 적어도 제병을 쪼갰는데 제병에서 피가 흐르기 시작한 경우가 세 번 이상 있었다는 것을 안다.

베네주엘라(Venezuela)의 베타니아(Betania)에 가면 유리잔에 성체를 모셔둔 것을 볼 수 있다. 사제가 성체를 쪼갰더니 피가 흘러나와서 성체에 핏자국을 볼 수 있다. 그 성체는 비숍 성당(Bishop's Chapel) 감실에 모셔져 있다. 나는 매서츄세츠(Massachusetts) 주와 뉴 저지(New Jersey) 주 두 장소에서 있었던 다른 두 경우도 알고 있는데, 최근에 그와 똑같은 일이 일어났다.

나는 주님께서 사람들에게 다음과 같은 말씀을 하시기를 원하신다고 생각한다. "나는 실제로 존재한다. 나를 당연시하지 마라. 나에게 마음을 열고 나에게 민감해다오."

나는 유타 주 옥덴(Ogden)에서 강의를 하고 있었는데 도자기로 된 성작 바깥에 성혈 자국이 나타난 경우가 아홉 번이나 있었다는 말을 들었다. 나는 다른 사제에게 우리가 성혈이라고 생각한 이 붉은 흔적에 대해서 이야기를 나누고 있었다. 그가 말했다. "아, 그건 성작에 담은 포도주가 바깥으로 좀 흘러나온 것입니다." 그때, 또 다른 본당의 로렌스 신부가 말했다.

"네, 그렇지만 저는 백포도주를 쓰는데 이 흔적은 붉은 자국이었답니다!

나는, 우리 주님께서 당신이 성체성사 안에 실제로 존재하신다는 것을 우리나라에 그리고 전 세계에 알려주시는 것이라고 생각한다. 우리 모두가 할 일이 있기 때문에 주님께서 우리를 당신께로 부르고 계시는 것이다. 예수님께서 "내 양식은 나를 보내신 분의 뜻을 실천하고 그분의 일을 완수하는 것이다."(요한 4,34)라고 말씀하신 것과 같다. 우리 모두가 주님께로부터 할 일을 받았다. 단지 우리 가족과 친구에게, 그리고 본당에서만이라도, 우리 모두는 살아가며 해야 할 직무가 있다. 우리 모두가 차이를 만들어간다. 명백한 기여를 해나가는 것이다. 하느님의 은총에 우리가 어떻게 응답하는가에 따라 세상은 더 나아지기도 하고 더 나빠지기도 한다. 주님께서는 "아버지께서 세상에서 뽑으시어 저에게 주신 이 사람들에게 저는 아버지의 이름을 드러냈습니다."(요한 17,6)라고 말씀하시는 대로 우리를 부르고 계신다. 우리는 예수님의 이름을 드러내도록 부르심을 받은 것이다.

나는 "나의 매일 미사성제(My Daily Eucharist)"라는 책을 엮은 시카고의 죠앤 맥휴와 이야기를 나누고 있었다. 그 책은 묵상책인데 미사성제에 관한 책이며, 일 년 365일 동안 하루에 한 가지씩 이야기가 실려 있다. 죠앤이 말했다. "방금 돌아왔어요. 뉴욕에서 강의를 하고 있었지요." 내가 말했다. "바쁘시군요." "네, 열정적으로 미사성제를 알리는 거지요."라고 그녀가 대답했다. 우리 모두가 그렇게 해야 한다. 예수 그리스도를 위한 열정, 그분의 사랑을 나누는 열정, 그분의 말씀과 그분께 대한 지식을 알리는 열정을 가져야 한다. 우리는 모든 사람이 성체성사, 즉 예수 그리스도께 뿌리를 박고 예수 그리스도를 기초로 하여 살아감으로써 근본적으로 성체성사를 통해서 예수 그리스도를 알게 되기를 바란다.

 우리는 주님께 기도하여 더 깊은 믿음을, 더 깊은 사랑, 성체성사 안에 현존하시는 분께 대한 더 깊은 신뢰를 주시기를 청해야 한다. 30년 전에는 성체성사에 대한 깊은 존경심이 있었다는 것을 기억하는 이들이 있다. 그런 경외심의 많은 부분이 사라지고 말았으나, 그 엄청난 믿음, 신념과 신뢰를 가지도록 마음을 활짝 열어두라. 눈을 감고, 영성체 때처럼 주님께서 성체를 손에 드시고 그대 앞에 서 계시는 모습을 그려보라. 그분은 말씀하신다. "받아먹어라. 이는 너희 치유를 위한 내 몸이다. 받아마셔라. 이는 너희 치유를 위한 내 피다." 그대가 성체성사를 정말 굳게 믿어서 주님을 위해 기꺼이 죽기를 원할 만큼 그런 믿음의 치유를 주시라고 주님께 청하라.

나에게 보낸 편지에 담긴 다음의 체험담을 묵상해보라. 이 체험담은 미사 중에 무슨 일이 일어날 수 있는가에 대한 진정한 영감의 원천이므로 믿음을 더 크게 해줄 수 있다:

"내 뼈가 이미 약해졌고 발목과 무릎, 골반과 관절에 통증이 있었기 때문에 남은 생애 동안 휠체어에 앉아 있을 거라고 의사 선생님 두 분이 말해줬어요.

강론 시간에 이 대회에 들어왔는데 주님께서 눈을 치유하고 계신다고 신부님이 말씀하셨을 때, 실명 중인 언니를 위해서 기도하기 시작했습니다. 어머니도 50년간 실명 상태였으므로 제가 어머니를 돌봐 드렸지요. 그래서 속으로 말했습니다. '언니가 실명하면 내가 휠체어에 앉아 있으니 누가 언니를 돌보지? 언니를 위해 기도해야겠다.'

저는 평생 동안 휠체어에 앉아 있어야 한다는 사실을 이미 받아들이고 있었습니다. 언니를 위해서 정말 열렬히 기도하기 시작했습니다. '주님께서 언니를 치유해주시기를 바랍니다!' 신부님은 세 명을 성당 앞쪽으로 불러서 나머지 회중을 대표할 거라고 말씀하셨습니다. 저는 거기 앉아서 신부님이 언니를 불러주시기를 바라면서 기도했어요.

바로 그때 신부님이 갑자기, '붉은 코트를 입고 휠체어에 앉아 계시는 자매님, 이리 앞으로 나오세요. 주님께서 자매님을 고쳐주셨습니다.' 저는 주님께서 제 언니를 고쳐주셨다고 말씀하셨다고 생각했기 때문에, 제가 어떻게 이 무대 위에 올라왔는지 모릅니다. 지금은 알지만 그땐 몰랐어요."

몇 년 전에 아르메니아에서 지진이 나서 어머니와 일곱 살 딸이 층계를 굴러 아파트 지하실에 떨어졌다. 둘 다 쓰레기더미 속에 묻혔는데 팔은 쓸 수 있었다. 먼지가 가라앉자 소녀가 울면서 "목말라! 목이 너무 말라!" 하고 소리쳤다. 탈수가 계속되고 있었는데 어머니는 습기가 없으면 아이가 곧 죽을 것을 알았다. 햇빛이 들어오자 어머니는 주위를 둘러보다가 그다지 멀지 않은 곳에 쨈 항아리가 있는 것을 보았다. 갈비뼈가 부러졌기 때문에 끔찍한 통증을 느끼면서도 팔을 뻗어 쨈 항아리를 잡고 뚜껑을 열어 천천히 그녀의 딸과 자신의 입에 쨈을 넣었다.

날이 감에 따라 쩜이 바닥났다. 소녀는 목이 너무 말라 사실 빠른 속도로 탈수가 이루어지고 있어서 자꾸 울기 시작했다. 어머니는 어떻게 해야 할 바를 몰랐으나, 딸이 눈앞에서 죽을 거라는 것을 알고 공포에 사로잡혔다. 절망감이 들었다. 그러자 그녀는 아주 신기한 행동을 했다. 유리 조각으로 손가락을 베어 딸 입속에 넣어주며 "내 피를 마셔라."고 말했고 아이는 그대로 했다. 그렇게 며칠 간 둘 다 살 수 있었고 나중에 구조된 후에 그 이야기를 해주었다.

우리 모두는 때때로 이런 흥망성쇠와 삶의 위기에 갇힌다. 어떤 때는 죽을 것 같은 느낌도 받는다. 실제로 많은 이들이 생을 끝내고픈 느낌이 들기도 한다. 그러나 예수님께서는 항상 희망이 있다고 말씀하신다. "내 살을 먹어라. 내 피를 마셔라." 그러면 우리는 십자가를 지고 예수님을 따르려는 새로운 영적 기운을 받는다.

기도합시다!
주님, 제게 대한 당신의 사랑과, 성체성사 안에서 치유하시는 당신의 현존을 믿을 수 있는 힘을 주소서. 모든 일이 선으로 인도되리라는 것을 알고 당신과 함께 걸어갈 수 있도록 저를 굳세게 해주소서. 아멘.

성체의 선물에 집중하라

성체의 선물에 집중하라

 성체 안에 계시는 우리 주님을 '자주 모시기 때문에 무관심해진 적이 있는가? 살아가는 동안 우리는 성체의 예수님을 받아모시고 자리로 돌아가서는 영성체를 하러 나가는 이들의 줄을 바라보기 시작하는 이들을 본다. 가톨릭신자들이 그들이 받아모시는 분이 누구인지 진정으로 이해하고 치유자 예수님께서 방금 그들의 마음속에 들어오셨다는 것을 믿는다면, 성당 안을 흘낏 거리거나 주보나 성가 책을 들추지 않으리라고 생각한다. 왜냐하면 이때는 아주 특별한 방식으로 "하느님의 나라가 참으로 그들 안에 이루어지고 있기 때문에" 예수님을 모신 그들 마음속에서 "자신의 일에 신경을 쓸 일"이라고 생각한다.

 누군가 우리를 방문하면 보통으로 앉아서 함께 이야기를 나누고, 그들이 하는 말에 귀를 기울이고 함께 있음을 즐긴다. 내가 다른 이의 집에 갔는데 무시를 당한다면 속상할 것이다. 그런데, 많은 가톨릭 신자들이 영성체 후에 바로 이런 행동을 하지 않는가? 그들을 사랑하시려고 오신 치유자이신 주 예수 그리스도를 무시하는 것이다. 온 우주에서 그들을 구원하시고 모든 인류를 위하여 하느님 나라의 상속을 얻어주실 능력과 깊은 사랑을 지니신 유일하신 한 분을 무시하는 것이다. 나는 대체로, 어떤 가톨릭신자들은 성체 안에서 그들에게 오시는 구세주이시며 주님이신 분과 함께 하기보다 개와 고양이와의 관계를 제대로 맺기 위해 더 시간을 쓰고 있다고 생각한다!

우리는 미사 중에 우리의 "정점이시며 중심이신 분"께로 돌아가야 한다. 우리 각자가 그분의 말씀 속에서, 우리 안에 내재하시는 그분의 현존 속에서, 무엇보다도 성체에서 매우 특별하게 발견되시는 주님을 찾도록 새로 생기를 얻고, 새롭게 힘을 받으며 자극을 받기를 기도한다.

예수께서는 하늘을 향하여 눈을 들어 말씀하셨다. "아버지, 때가 왔습니다. 아들이 아버지를 영광스럽게 하도록 아버지의 아들을 영광스럽게 해주십시오. 아버지께서는 아들이 아버지께서 주신 모든 이에게 영원한 생명을 주도록 아들에게 모든 사람에 대한 권한을 주셨습니다. 영원한 생명이란 홀로 참 하느님이신 아버지를 알고 아버지께서 보내신 예수 그리스도를 아는 것입니다."(요한 17,3).

내가 미사를 드릴 때 나는 보통 영성체를 한 사람들에게 각자 주님과 대화를 나누도록 5분간 침묵을 지킬 것을 요청한다. 이때는 치유의 가장 위대한 순간인데 대부분의 신자들이 놓치고 만다. 어떤 사제는 5분이 너무 많다고 말했지만, 아빌라의 성녀 데레사는 자기 수녀들에게 성체를 영한 후 "한 시간"의 기도를 빠지지 말라고 했다. 하루는 1,440분이다! 예수님께 단 5분 드리는 것을 거부할 수 있는가?

고 요한 바오로 2세 교황님께서 미국 루이지아나 주 뉴 올린즈에 오실 계획이셨을 때, 뉴 올린즈 시는 그분의 방문 준비로 야단법석이었다. 교황님을 어디에 모실 것인지에 대한 새로운 안건과 홍보와, 교황님과 함께 드릴 미사에 참석하기 위한 입장권을 어떻게 구하는지에 대한 정보가 날마다 신문에 났다. 마침내 교황님이 오셨고 놀라운 추억들을 남기시고 떠나셨다.

그러나 예수님께서는 매일 오시고 예수님께서는 머무신다. 예수님께서는 날마다 오시고 성체를 통하여 우리 안에 머무신다. 미사성제에서 날마다 예수님을 모시기 위해 고가의 입장권도 필요 없고, 그저 예수님을 모시려는 마음만 있으면 된다.

가톨릭 교리서 1391항에 나열된 성체성사의 열매는 다음과 같다.

"성체성사는 그리스도와 우리의 일치를 증대시키고, 세례 때 주어진 은총의 생명을 보존하고, 증가시키며, 새롭게 한다. 과거의 죄(소죄를 없애며)로부터 우리를 깨끗이 하고 미래의 죽을 죄(영혼에게 치명적인)로 부터 우리를 지켜준다. 우리를 신비체(하느님께 속하는 모든 사람)와 일치시키며 그리스도의 가장 가난한 형제들에게 투신하게 한다."

교리서 1419항도 다음과 같이 서술하고 있다.

"그리스도께서는 이 세상을 떠나 아버지께 가시면서, 성체성사 안에서 우리에게 당신과 함께 할 영광의 약속을 주신다. 이 거룩한 희생에 참여하는 것은 그분의 마음과 우리가 같아지며, 이승의 순례 길에 우리의 힘을 보존해주며, 우리가 영원한 생명을 갈망하도록 해주며 지금도 하늘의 교회와 복되신 동정 마리아와 모든 성인과 일치시켜준다."

미사성제는 하느님께로부터 영적이며 일시적인 유익을 얻도록 산자와 죽은 자의 죄를 보속하기 위해 봉헌된다. 성체성사의 희생을 봉헌하시는 분은 가톨릭 사제들을 통하여 행하시는 새 계약의 영원하신 대사제 그리스도 자신이시다. 교회는 신자들이 미사에 참여할 적마다 성체를 받아 모시기를 열렬히 권고한다. 적어도 일 년에 한번 부활절의 의무로서 그렇게 하라고 권한다. 성체의 위대하심 앞에서 아우구스티노 성인은 다음과 같이 외쳤다.

"오, 정성의 성사여!
오, 일치의 표지여!
오, 사랑의 유대여!"

카리스마(Charisma, Strang Publications, St. Mary, Florida, 1989년 9월호)라는 잡지를 읽으면서 나는 순복음 국제교회 총무였던 로이 힉스 씨니어(Roy H. Hicks, Senior)가 쓴 기사를 보고 감탄했다. 그는 자신과 아내가 매일 영성체를 한다고 썼다. 성체성사는 그저 상징적이라고 믿는 비 가톨릭 신자로서 아주 특별한 경우이다. 그가 하는 말을 읽어보라.

"이년 전에 주님께서는 매일 성체를 받아 모시기 시작하도록 나를 감명시키셨다. 나는 수년간 대영제국의 복음주의자 스미스 위글즈워스(Smith Wigglesworth)가 매일 성체를 영한 사실을 알고 있었지만, 나 자신이 그렇게 하는 것은 생각해보지 않았었다. 그 문제를 좀 더 자세히 들여다보았을 때 나는 성체를 그렇게 자주 모실만한 가치가 있다는 결론에 이르렀다.

"주님께서 우리가 매일 영성체하기를 요구하시는가? 아니다. 그러나 성경은 강력하게 시사하고 있으니 요한복음 6,54-56절의 '먹다' 와 '마시다' 라는 희랍어 동사의 시제를 보면 주님의 살과 피를 끊임없이 먹고 마시라는 뜻이다.

"고대 이스라엘 백성은 오래된 계약의 법적인 대책의 하나로 일 년에 한번 해방절, 파스카(Passover)[3]를 준수하라는 명령을 받았다. 그러나 예수님께서는 제자들에게 가능한 한 자주 성체를 받아 모심으로써 당신의 희생인 죽음(1코린 11,25)에 의해 세워진 새 계약을 기념하라고 말씀하셨다. 다른 말로 하면, 예수님께서는 우리가 얼마나 자주 죄와 죽음으로부터의 구원을 기억하기를 원하는가에 대해서는 우리에게 맡기셨다.

(3) 파스카(Pascha=Passover)는 건너 지나간다는 뜻

"그러나 자주 영성체를 하는 것이 여러 가지 이유로 중요하다고 생각한다. 첫째, 주님의 만찬은 *사랑의 표현*이다. 너무 많이 먹고 마심으로써 주님의 만찬을 법적인 요구사항으로 여김으로써, 우리는 저 코린토 신자들처럼 영성체를 해방절과 혼동하였는가? 우리의 새롭고 더 훌륭한 계약은 사랑에 근거를 두고 있으므로 영성체를 얼마나 자주 하는가는 명령으로 이루어진 것이 아니다. 그래도 나는 일 년에 한 번만, 혹은 일 년에 네 번, 또는 한 달에 한 번만 성찬식을 하는 우리의 실천에 대해서는 의문이 생긴다. 우리가 사랑으로 주님의 식탁에 간다면, 하루라도 진정한 사랑을 잊을 수 있는가?

"우리가 주님의 식탁에 간다면 즐거움을 얻기 위한 잔치가 아니라 주님과 함께 하는 '사랑의 잔치'에 가는 것이다. 그것은 예수님을 경외하는 시간, 감사의 마음으로 그분의 고난과 십자가 위에서의 죽음을 상기하는 시간이다.

"자주 영성체하는 둘째 이유는 주님의 식탁이 *그리스도를 먹여준다는 것*이다. 건강하게 살기 위해 날마다 몸을 위한 영양분을 취한다면 날마다 거룩한 영성체로 우리 주님을 경배함으로써 우리 영혼을 살찌워야 하지 않겠는가? 예수님께서는 우리가 그분의 살과 피를 계속 먹고 마신다면 영원한 생명을 얻으리라고 말씀하셨다.(요한 6,54-57). 예수님께서 말씀하셨다. "받아먹어라. 이는 내 몸이다."('나의'를 강조하신다.) 주님의 식탁은 우리가 그리스도를 먹고 살아감으로써, 그분의 위대한 희생에 동참함으로써, 우리의 영적인 생명이 양분을 취해야 한다는 진리를 표현한다.

"셋째로, 주님의 식탁이란 *예수님의 피를 드러내는 것*이다. 첫 해방절 때 죽음의 천사가 보고 지나가도록 문간에 양의 피를 발랐다. 하느님의 어린 양이신 주 예수님의 피가 우리의 믿음과 실천으로 계속 드러나지 않는다면, 파괴하는 천사의 공격에 우리를 노출시키는 것이다. 코린토 1서 11장 30절을 보면 주님의 몸을 온전히 이해하고 식별함으로써 우리가 약해지거나 병들거나 일찍 죽지 않을 것이라고 한다.

"마지막으로, 주님의 식탁은 그리스도의 재림에 대한 *우리의 희망을 경축하는 것*이다. 사도 바오로는 영성체가 그리스도의 돌아오심을 고대하는 것이라고 분명히 말한다." "주님께서 오실 때까지, 여러분은 이 빵을 먹고 이 잔을 마실 적마다 주님의 죽음을 전하는 것입니다."(1코린 11,26). 우리가 성체를 영할 적마다 우리는 예수님께서 우리를 당신 자신께 받아주시기 위해 오실 그 날을 기다리는 것이다.

"어떤 이들은 날마다 주님의 식탁에 참여하는 것이 진부하다고 여길지도 모릅니다. 그러나 나의 아내와 저는 그 반대가 사실임을 발견했습니다. 여행 때문에 날마다 이 귀중한 시간을 지킬 수 없을 때 우리는 마음 속 깊이 성체를 그리워합니다. 우리 삶 속에서 영성체는 그 의미와 소중함이 점점 더해갑니다."

개신교 목사님이 날마다 성체를 모시는 것을 어떻게 바라보는지 이해하는 것이 얼마나 감명 깊은지요!

다음에 나오는 프란치스코회 마가렛 매리 부츠키 수녀의 편지를 주의해보십시오:

거룩한 미사성체: 암적인 죄를 위한 신성한 치료법

"죄는 암입니다. 그것은 처음에는 조용히 또 눈에 띄지 않게 자랍니다. 그것은 우리가 의식하지 못하는 사이에 영혼의 존재를 서서히 좀먹어가므로, 갑자기 우리자신이 완전히 올가미에

드시는 하느님을 두려워할 수 없다고 말했습니다. 창조주이시며 생명의 유지자이시며 세상의 온갖 능력의 유일한 원천이신 분이 다정하신 하느님이심을 우리는 인정해야 하겠습니다. 우주인들이 찍은 사진들을 바라보기만 하면 우주의 경외할만한 능력을 알게 될 것입니다. 하느님께서는 우리를 위해 이 지구를 너무 잘 마련하셨고 우주 공간의 잠재적인 재앙으로부터 참으로 안전하게 지켜주십니다. 그분은 우리 영혼을 폐허로 만들어버릴 온갖 재앙에서도 우리를 지켜주실 수 있습니다.

성경에는 풍요로운 말씀들이 너무나 많지만, 어느 것보다도 더 제 마음을 어루만져주시는 말씀은 요한복음 14장 15-17절입니다. "너희가 나를 사랑하면 내 계명을 지킬 것이다. 그리고 내가 아버지께 청하면, 아버지께서는 다른 보호자를 너희에게 보내시어, 영원히 너희와 함께 있도록 하실 것이다. 그분은 진리의 영이시다." 이 보호자가 성령이십니다. 마리아께서는 메주고리예의 어린이들에게 우리가 성령을 지니고 있으면 모든 것을 다 가진 것이라고 거듭 말씀하셨습니다.

주님께서 우리 안에 현존하십니다. 예수님께서 요한복음 15장 4절에 말씀하십니다. "내 안에 머물러라. 나도 너희 안에 머무르겠다." 그러니 다시 한 번 우리는 주님의 거룩한 말씀을 가지고 있고 그분께서 우리 안에 거하시며 우리가 그분 안에 살고 있다는 것을 이렇게 긍정합니다. 그분이 이렇게 우리 안에 살고 계시므로 우리 각자는 성령의 성전, 예수님의 성전, 아버지의 성전입니다. 우리가 서로에게 무엇을 행하든지 간에 우리는 우리 안에 계시는 주님께 행하는 것입니다. 저의 어머니가 한 말을 저는 잊지 못합니다. "내 아이들에게 네가 무슨 일을 하든지 그건 나에게 하는 것이다." 예수님께서 우리 각자 안에 살고 계시기 때문에 예수님께서 바로 그대로 말씀하시는 것입니다. 우리는 결코 혼자가 아닙니다. 우리 안에 신성한 생명을 지니고 있습니다. 그 말씀이 주님의 현존을 선포할 뿐 아니라 우리도 성체 안에 계시는 주님의 현존을 강조하고 싶습니다.

주 예수 그리스도께서 성체 안에서 우리에게 오실 때, 그때가 바로 우리가 하느님 사랑의 선교사가 되는 가장 위대한 순간이며, 치유의 가장 위대한 순간이며, 당신으로 우리를 채우시는 가장 위대한 순간이며, 은총의 가장 위대한 순간입니다. 우리는 신적인 은총으로 - 성경에서 말씀하신 바 있는 성삼의 현존이라는 그 성화은총으로 이미 그분이 우리 안에 거하심을 압니다. 그러나 그분은 또한 아주 특별한 방식으로 우리에게 오시는데 바로 성체 안에서 오십니다.

저는 다음과 같이 말하는 사람들로부터 점점 더 많은 보고를 받았습니다. "오늘 밤 성체 조배를 하러 갔는데, 예수님의 심장이 성체 안에서 펄떡거리는 것을 보았습니다." 또 다른 사람은 이렇게 말했습니다. "저는 성체 안에서 그리스도의 핏줄을 보았습니다." 훨씬 더 많은 이들이 영상이나 비전의 형태로 주님의 현존 체험을 하고 있습니다. 최근에 제가 뉴 햄프셔에서 새해 전날 밤 미사를 드리며 성체를 들어 올렸을 때 16명 이상이 성체 안에 불꽃이 일어나는 예수님의 영상을 보았습니다.

자주 그런 일이 생기면 우리가 무관심해집니다. 어떤 이들은 무관심하다는 비난을 받기도 합니다. 저는 거룩한 신비를 너무 무심하게 대하므로 저 자신을 무관심하다고 비난할 수 있습니다. 우리가 미사성체를 너무 무심하게 대한다는 비난에는 많은 진실이 담겨 있습니다. 특히 성체를 분배하는 새 전례에서 이것은 사실입니다. 성체를 감실에 모시고, 문을 잠근 다음, 우리는 공지사항을 발표합니다. 그것은 성체에 대한 대단히 무관심한 대접입니다. 성체를 모신 후 예수님께 말씀드리는 시간이 넉넉해야 하며 그분과 인격적인 말씀을 나누어야 합니다.

텔레비전을 보는데 우리는 얼마나 많은 시간을 소비합니까?

소파에 붙어 앉아 있으면 아무에게도 도움이 안 됩니다. 우리는 필요하지도 않은데 어디에서 많은 시간을 보내고 있습니까? 대부분의 저녁 시간을 텔레비전 보는데 소비하고 있지 않습니까? 토요일과 주일 오후는 운동 경기 보느라 다 보내고 있지 않습니까? 우리에게 가장 신나는 것은 무엇일까요? 스포츠나 파티나 술집에, 경마에 가는 것, 또는 로또 당첨입니까? 저는 많은 아버지들에게서 "아이들을 위해서" 스포츠에 푹 빠져 있다는 말을 들었습니다. 그런데 그게 사실일까요? 정말 아이들을 위해서인가요? 아니면 그들을 통해서 대리 만족의 삶을 사는 것은 아닐까요? 많은 여인들의 말도 들었습니다. "가족을 위해서 쇼핑을 합니다." 그렇지만 그게 사실인가요? 아니면 쇼핑이 삶의 한 방편이 된 것은 아닐까요? 사실상 여가 시간에 안 하고는 못 견디는 강박증이 된 것은 아닐까요? 우리 모두가 이 시간을 허비하는 것들에 푹 빠져 있는 것은 아닐까요? 우리의 영적 생활은 어떻습니까? 영적 생활을 위해서 얼마만큼의 시간을 할애하고 있습니까? 그냥 남은 시간을 내놓습니까, 아니면 정말 시간을 투자하십니까? 그건 차이가 있습니다. – 예수님은 그 차이를 아십니다! 이제 저와 함께 기도합시다!

"지극히 거룩하신 예수님,

성체 안에서 당신을 경배합니다. 예수님, 당신을 따르기로 선택합니다. 당신은 사랑에 못 이겨서 저를 구원하셨습니다. 당신께 감사드리며 당신을 흠숭*합니다. 예수님, 당신은 길이요 진리요 생명이십니다. 오, 깨달음을 주시는 분, 저를 잘못 인도하는 악한 자, 거짓말쟁이에게서 구하소서. 저는 죽음과 파괴가 아니라 당신을 선택합니다. 가장 겸손하신 예수님, 저를 교만하고 거만한 자에게서 구해주소서. 영혼의 치유자이신 예수님, 저를 영혼의 살인자인 사탄에게서 구해주소서. 영원하신 천사 예수님, 당신은 제가 부르기도 전에 오십니다. 저를 무고하는 사탄에게 버리지 마소서. 제가 떨어지면 구해주소서. 당신 아버지께서 저를 위해 천국의 자리를 마련해두셨고 저를 위한 위대한 계획을 세우셨으니, 저를 구해주소서. 사탄도 저를 고문할 악령들로 들끓는 불붙는 지옥을 마련했습니다. 예수님, 제 삶이 끝나면 성체를 통해 당신 은총으로 영원한 삶의 선물을 받게 해주소서. 사랑합니다. 예수님, 감사합니다.

*흠숭하다 'adore'는 라틴어 ad: '향하여'와 ore: '입'의 합성어로서 '입을 향하여' 즉 '입맞춤을 하다'는 뜻.

위대한 치유자이신 예수님

위대한 치유자이신 예수님

많은 제의실(사제가 미사 제의를 입는 곳)의 게시판에 이런 말이 있습니다. "신부님, 신부님의 첫 미사처럼 이 미사를 드리십시오. 신부님, 신부님의 마지막 미사처럼 이 미사를 드리십시오." 매번 드리는 미사성제가 저의 마지막 미사일 수도 있습니다. 저는 이 세상에서 다시는 드리지 않을 것처럼 미사를 드려야 합니다. 미사성제를 드리는 것이 저의 가장 큰 기쁨입니다. 미사성제를 생각하면, 제가 예수님을 당신 백성에게 나눠주는 것이 아니라, 성체 안에 계시는 예수님께서 성체를 모시러 나오는 각 사람에게 예수님을 나눠주시는 것입니다. 가톨릭 신자로서, 이 세상에서 바로 성체가 예수님의 가장 위대한 현존이시고, 가장 위대한 치유의 순간이야말로 우리가 성체 안에 계시는 위대한 치유자이신 예수님의 가장 위대한 그 현존 안에 있을 때라고 믿습니다. 성 아우구스티노는 우리가 성체 안의 예수님을 받아 모실 때, 치유자이신 예수님을 모셨기 때문에 우리 안에서 온갖 치유가 일어난다고 말합니다.

속이 상해서 마음이 정말 무거워진 채 조용한 성당에 들어선 적이 있습니까? 성당에 들어서자마자 모든 긴장이 다 빠져나가는 것을 느낄 수 있었습니까? 저는 전 세계에 있는 여러 가톨릭 성당에서 무수히 이런 체험을 했습니다. 성당에 들어가면서 긴장이 사라지는 것은 감실에서 뿜어 나오는 예수님의 사랑과 현존 때문이라고 여깁니다. 감실에 모셔둔 예수님의 사랑에 겨운 현존에 접할 때, 우리가 "생명을 얻고 더 얻어 충만하기"(요한 10,10)를 바라시는 치유자이신 예수님의 진실하고 실제적이며 충만한 현존 속으로 들어가는 것입니다.

　성체를 모신 후 저는 항상 5분간 침묵해야 한다고 강조합니다. 그 치유하시는 분께서 우리 안에 계시는 까닭입니다. 지금은 치유의 가장 위대한 순간입니다. 예수 그리스도와 5분간 함께할 준비를 갖춰야 하겠습니다. "전화 받으러 오십시오. 로마에 계시는 교황님과 장거리 전화로 5분간 말씀하실 시간을 드리겠습니다."라고 말한다면 여러분은 기뻐 뛸 것입니다. 그것은 우리 안에 계시는 주 예수 그리스도의 현존에 비하면 아무 것도 아닙니다. 성체를 분배하자마자 즉시 공지사항에 들어가는 것에 기분이 상하시는 이들에게 신부님께 그대로 말씀드리라고 권하는 바입니다. 사제들은 주님께 열렬한 귀와 열렬한 마음을 지닌 사람들로부터 피드백을 받을 필요가 있습니다. 여러분의 느낌이 어떠한지 사제에게 꼭 알려드리십시오.

성체를 모신 다음 5분간 주님과 인터뷰하는 시간을 가지십시오. 어떤 이들은 주님께 무슨 이야기를 해야 할지 모른다고 합니다. 여러 가지 다른 방법으로 주님께 가까이 다가갈 수 있습니다. 제가 가장 좋아하는 방법은 커피 한 잔을 놓고 부엌 식탁에서 주님과 함께 앉아있는 자신을 상상해보는 것입니다. 우리는 식탁에 앉아서, 커피를 마시고 한 두 시간 이야기를 나눕니다. 문제없습니다. 그러나 주님과 함께 한다면 5분이 문제가 됩니다. 그냥 식탁 너머에 계시는 주님과 함께 앉아있는 장면을 그려보십시오. 가족이나 친척과 함께 즐겨 이야기하듯이 여러분의 삶속에 일어나고 있는 것들을 주님께 말씀드리십시오. 그런 다음에는 누군가를 용서할 결심이 서거나, 아픈 사람을 방문한다거나, 도움이 많이 필요한 가족 한 사람 한 사람에게 친절히 대할 수 있을 것입니다. 성체는 복음서에 나오는 예수님의 가르침을 살려고 하는 좋은 결심을 일으켜 줍니다.

영성체 후 내적 치유를 어떻게 얻을 수 있습니까? 성체를 모신 다음에는 절대로, 성체를 모시러 나가는 다른 이들을 바라보지 않기를 바랍니다. 그렇게 한다면, 비록 예수님께서 하느님의 나라가 여러분 안에 있다고 말씀하셨음에도 불구하고, 그것은 여러분 안에서 이뤄지고 있는 일보다 바깥에 있는 것이 더 중요하고 흥미롭다는 것을 보여주는 격입니다. 내적 치유의 방법이란 성령의 빛 안에서 오른 편에 예수님이 계시고 왼편에 마리아께서 계시는 것을 그려보면서 여러분의 삶 가운데 매우 고통스러운 사건을 재현하는 것입니다. 그 사건을 재현하면서 예수님께 그 고통을 기억에서 없애주시기를 청하십시오. 예수님과 마리아께서 동반하신 가운데 고통스러운 상황을 겪고 있는 자신을 그려보십시오.

남미의 한 부인은 어느 날 밤에 술에 취해서 그녀를 강간한 알콜 중독자와 결혼했습니다. 아이를 임신했지만 한 번도 제대로 사랑해줄 수가 없었습니다. 그녀는 남자들에게 대한 미움도 생겼습니다. 나중에 남편이 알콜 중독으로 죽었을 때 그를 돌봐주었던 의사가 이 과부와 사랑에 빠졌습니다. 그가 청혼했고 그녀는 받아들이고 싶었지만, 남자들에게 대한 강렬한 증오심을 키웠기 때문에 두려웠습니다. 연수를 받으면서 그녀는 예수님과 성모님과 함께 계시는 가운데 강간을 당한 그날 밤을 재현했고, 온전히 치유를 받았습니다. 예수님과 성모님께서 함께 계시는 가운데 재현하는 이 경험은 깊은 내적 치유를 받는 데 도움이 되는 방법입니다.

 필리핀에 있는 제 친구 신부는 미사성제 때 사제가 성체를 들어 올리는 순간에 성령의 능력이 치유가 가장 필요한 영역을 비추는 밝은 빛으로 오심을 그려보라고 사람들에게 가르칩니다. 수술이 불가능한 갑상선종에 걸린 한 여인이 이 가르침을 들었습니다. 사제가 성체를 들어 올릴 때 그 여자는 주 예수님을 바라보면서 말했습니다. "주님, 제 갑상선 종양을 잊지 마셔요." 그녀는 즉석에서 치유를 받았습니다.

 눈을 감으시고 여러분의 삶 속에서 주님께서 치유해주시기를 원하시는 고통스러운 사건이 무언지 여쭤보십시오. 영성체 후에 여러분이 어떤 고통스러운 사건을 재현하기를 주님께서 원하십니까? 주님께서 고통스러운 어느 한 사건을 가리켜주시는지 보십시오. 그렇지 않다면, 성체를 모신 후에 마음대로 한 사건을 택해서 성령의 빛을 받으며 예수님과 마리아께서 함께 하시는 가운데 고통스러운 그 정신적 외상(Trauma)을 재현해보십시오.
 주님과 함께 깊은 친교를 이루는데 도움이 되는 것은 무엇이든 활용해보십시오. 주당 168시간 중 일주일에 한번 성체를 모시러 가는 이들에게 주어진 가장 소중한 그 시간을 놓치지 마십시오. 그 치유의 시간을 잃어버리지 마십시오. 우리는 몇 년 동안 성체를 모셔왔습니다. 같은 일을 오래 반복하다보면 게으름이 생기기 때문에 무관심해지는 것은 어쩔 수 없습니다. 우리는 기계적으로 성체를 받아 모시지만, 예수님께서는 영성체 후의 시간이 생기를 돋아주고 치유하는 체험의 순간이 되기를 바라십니다. "자녀 여러분, 여러분은 하느님께 속한 사람으로서 거짓 예언자들을 이미 이겼습니다. 여러분 안에 계시는 그분께서 세상에 있는 그자보다 더 위대하시기 때문입니다."(1요한 4,4).

다음의 증언들은 특히 치유를 청하는 이들이 영성체를 통하여 받는 치유의 실례입니다.

"주말 연수를 받는 동안 내내 저는 허리의 통증으로 괴로웠습니다. 그 주말 동안 기도하는데도 불구하고 주일 미사를 드릴 때쯤에는 최악의 통증에 시달렸습니다. 미사 중에 저는 주님과 함께 그 심한 통증에 대해서 말씀을 나눴어요. 성체를 받아 모셨을 때 통증이 사라졌습니다. 의자로 돌아가는데 대퇴부 고관절이 '새로 맞춰지는 것'을 느꼈고 허리와 복부에도 같은 것, 혹은 어떤 움직임을 느꼈습니다. 그 다음에 다리가 똑바로 둥둥 떠오르는 것처럼 가벼워지는 것을 느꼈습니다. 그 체험을 한지 며칠이 지났는데 그 똑같은 통증을 느낀 적이 없습니다. 주님의 치유와 다정함에 대해 찬미합니다."
-루이지아나 주 베이튼 루즈에서, 리타 필거

"저는 외롭고 무거운 마음으로 미사에 왔는데 아무 것도 기대하지 않았지요. 어떤 인간관계 때문에 저 자신과 평화롭지 않았습니다. 영성체 직전에 예수님의 현존이 저의 부담을 들어 올리시고 제 마음에 사랑을 넣어주시는 것을 느꼈습니다. 저는 울었어요. 그 순간을 절대로 잊지 않겠습니다."
-헬렌

"저는 4년 동안 소변에 피가 흘러 고생하고 있었기 때문에 1988년 10월, 아버지 친구인 소아과의사가 저를 마닐라 마카티(Makati)에 있는 성 아구스틴 대학 미사에 데려갔습니다. 신장이나 소변장애를 결정하는 어떤 검사도 문제의 뿌리를 알려주지 못했습니다. 신부님께서 신장이 치유되고 있다고 하시면서 치유되는 사람들은 따뜻한 손이 등에 닿는 것 같이 느낄 거라고 말씀하셨습니다. 저는 그 손을 느꼈지만, 오랫동안 한 자리에 앉아 있었기 때문이라고 생각했습니다. 정확히 일주일 후에 잠에서 깨어났는데 소변에 하혈의 기미가 없었습니다. 아버지께 말씀드렸더니, '네가 미사 가려고 차에 타는 순간 나는 네가 치유될 거라는 것을 알았다.'고 말씀하셨습니다. 두 달간 깨끗한 상태로 지냈습니다. 의사는 확실히 하기 위해 일 년간 제 몸을 지켜보기를 원합니다."
-마리아 리즈 F. 파제, 필리핀

다음에 나오는 증언들은 제 책 <미사를 통한 치유>(성요셉출판사, 1987)에 나옵니다. 그 증언들을 보면 사람들이 얼마나 우리 주님 예수 그리스도의 몸과 피, 하늘로부터 온 천상의 빵을 모실 필요가 있는지 보여줍니다. 예수님과의 깊은 관계가 없이는 사람들이 행복할 수 없습니다. 우리 모두는 우리 자신의 연약함을 느끼고 안전을 아쉬워합니다. 보험회사들은 서로 다른 보험방침으로, 심지어 매장보험으로 우리에게 안전을 약속합니다. 그럼에도 불구하고, 제 삶의 체험은 인생의 고뇌와 황홀함을 통하여 도와줄 수 있는 그 한 분과의 생생하고 역동적인 관계가 날마다 필요하다는 것을 증명해줍니다. 다음의 증언을 생각해보십시오.

"저는 17년이나 지난 후에야 성당으로 돌아왔고 이제 다시 성체를 모십니다. 이제 하느님께서는 제 기도를 들으시고 모든 것이 괜찮다는 것을 제 눈물을 통해서 알게 해주십니다. 미사에서 저는 그분이 저와 함께 계심을 느낍니다. 미사에는 우리가 받는 무한한 가치와 은총이 있습니다."
—돌로레스 고로스페

"저는 30년간 성당을 떠나 있었습니다. 다시 돌아와서 저는 처음으로 치유미사에 갔습니다. 40명쯤 되는 소그룹이었는데 우리는 제대 주위에 둘러서라는 초대를 받았습니다. 저는 생전 처음으로 정말 미사의 한 부분이 됨을 느꼈습니다. 울음을 멈출 수 없었습니다. 너무나 아름답고 치유해주는 체험이었습니다."
—페기 후르타도

"저는 6년간 성당에서 멀어져 있었습니다. 성당 밖에서 결혼했고 성당에서는 제 아이들과 저에게 문을 닫았습니다. 어느 피정에서 드그란디스 신부님의 미사를 통하여 저는 그 상처에서 벗어나 자유로워졌습니다. 그 주간에 저는 다시 성당에 받아들여졌고 주님과 함께 걸어감으로써 완전히 저의 새 인생을 시작하게 되었습니다."

–마리솔 체사르

  많은 사람들은 예수님께서 오늘 치유하신다는 것을 이해하기 때문에 치유 세미나에 참석하고 있습니다. 치유사목도 점점 더 대중화하고 있습니다. 28년간 저는 치유에 대한 여러가지 다른 표현 양식들을 읽었고 또 거기에 참석했습니다. 그렇지만, 저는 미사가 가장 위대한 치유 예배라고 확신합니다.

  위스칸신 주 밀워키의 죠앤 밀러(JoAnn Miller)는 내적 치유 기도를 양파를 한 껍질씩 벗기는 것에 비교하면서 우리 삶의 모든 영역을 하느님의 사랑이 어루만지시도록 할 필요가 있다는 것을 상기시켜줍니다. "그분은 우리에 관한 모든 것을 아십니다. 예수님께서는 우리의 마음과 몸을 파괴하거나 마비시켜서 우리를 과거의 포로로 만들 수 있는 것들을 잘 아십니다."라고 그녀는 되새깁니다. 그녀는 영성체 후 치유하는 묵상시간에 치유를 받았습니다. 다음의 증언에서 우리는 영성체 후에 묵상에 의해 어떻게 치유를 받을 수 있는지 보게 됩니다. 치유자신 예수님께서 죠앤 안에 계셨고 그녀는 고통스러운 상황을 눈앞에 그려보면서 그분께 마음을 활짝 열어드렸습니다.

"신부님께서 우리 삶 가운데 아직도 치유가 필요한 곳을 보여주시기를 예수님께 청하라고 말씀하셨습니다. 우리는 잠깐 기도한 다음, 성령께서 우리 각자에게 특별한 한 부분을 비춰주시도록 침묵을 지켰습니다.

제 생각은 할머니와 오빠들과 함께 살던 그 습기 차고 어둡고 곰팡이 냄새 나는 지하실로 날아갔습니다. 제가 어렸을 때(세 살이나 네 살 때)벌을 받아 그 어둡고 습한 지하실에 갇혔습니다. 그 이후로 저는 잠긴 문을 싫어했고 곰팡이 냄새를 맡으면 아팠습니다. 46년이 지난 지금도 그 지하실이 어떻게 생겼는지 기억할 수 있어요. 한 구석에 물탱크가 있었는데 맥주 저장고였습니다. 어린 생각에 저는 그 물탱크에 빠져 죽을까봐 무서워했습니다. 평생 지하실을 지독히 싫어했습니다. 그때 신부님이 말씀하셨습니다. '예수님께 함께 가시자고 청하십시오.' 그래서 상상 속에서 예수님과 제가 그 지하실로 걸어 들어갔는데 그분이 그 무거운 저장고 문을 여셨습니다. 계단에는 빛이 쏟아졌습니다. 그분이 걸어가신 모든 곳에 치유하시는 빛이 비췄습니다. 물탱크마저도 달라져졌습니다. 썩은 물 냄새가 나던 그것이 예수님께서 그 곁을 지나가시자 아름다운 물건이 되었고 그 안에 신선하고 반짝이는 물이 되었습니다. 그분은 그 방의 모든 것을 어루만지셨고 그것들은 새로워졌습니다. 습기 찬 더러운 바닥도 아름다워지고 향내가 났습니다. 예수님께서 바닥을 걸어가시자 온갖 색깔의 꽃들이 피어났습니다. 정말 숨 막히는 일이었어요. 제게 감옥이었던 곳이 이제 하느님의 사랑으로 치유되어 아름다운 곳으로 변했습니다. 그분께서는 저를 그곳에 가둔 사람도 용서할 수 있게 해주셨습니다. 저는 이제 자유로워요!"(죠앤 밀러).

브리지 맥켄나 수녀는 그녀의 아름다운 책 <기적은 일어난다 Miracles Do Happen>에서 위암이었던 호주의 한 여인에 대해 말해줍니다. 그녀가 앞에 나왔는데 위가 부풀어서 실제로 툭 튀어나왔습니다. 너무 진행이 되어버린 상태여서 수술도 못하고 할 수 있는 일이 하나도 없다고 그녀가 브리지 수녀에게 말했습니다. 브리지 수녀가 말했습니다. "보세요. 미사에 가시면 성체를 받아 모실 거죠. 주님께 축복해주시고 만져주시길 청하세요." 미사 후에 그 여인이 수녀에게 달려와서 "수녀님, 그 일이 일어났어요! 일어났어요. 절 보세요. 오늘 마침 수녀님께 왔는데 말씀하신 대로 미사에 갔어요. 성체를 모시러 걸어 나갈 때 혼잣말을 했어요. '몇 분 후에 예수님을 만날 거야. 내 손에 그분을 받은 다음 도와주시라고 해야지.'"

가톨릭 신자인 이 여인이 30년간 성체를 모셨는데 이번엔 성체를 바라보면서 말했습니다. "전 당신이 진짜 여기 계신 걸 알아요. 오늘 저에게 오실 때 이 두려움을 없애주세요. 원하시면 절 고쳐주세요. 제발 저를 위해 뭔가를 해주세요." 그녀는 계속 말했습니다. "제 혀에 성체를 모시자마자 삼켰는데 목이 타는 것 같이 느꼈고 성체가 제 위로 내려갔어요. 제 위를 내려다보니까 튀어나온 게 사라졌어요." 그 여인은 치유되었습니다.

뉴 올린즈 머시 병원(Mercy Hospital)에 입원한 한 여인은 유암이었습니다. 수술 받을 준비를 하고 있었지요. 종신부제가 성체를 모셔왔고 그녀는 성체의 예수님을 받아 모셨습니다. 그 부제가 여인에게 성체를 담아 온 성합을 들고 암 부위에 갖다 대라고 말해주었습니다. 그녀는 그대로 했습니다. 나중에 성합이 불붙은 것처럼 뜨겁더라고 사촌에게 말했습니다. 의사들이 그녀를 수술해서 부위를 열었을 때 암 덩어리가 사라지고 없었습니다. "주님, 한 말씀만 하소서. 제가 곧 나으리이다."

미시간 주 랜싱의 죠셉 맥킨니 주교는 <성령강림의 능력으로 살아가기>라는 책을 쓰고 몇 년 동안 예수님께서 미사성제를 통해 치유하신다고 가르쳐왔습니다. 어느 날 그가 미사성제를 드리면서 예수님께 몇 년간 아팠던 등을 치유해주시길 청했습니다. 미사 후에 그는 통증이 사라졌다는 것을 깨달았습니다. 다시는 통증이 되돌아오지 않았습니다. 그가 이 책을 쓰기 13년 전에 이 사건이 일어났습니다.

예수님께서는 "나는 양들이 생명을 얻고 또 얻어 넘치게 하려고 왔다."(요한 10.10)고 말씀하셨습니다. 예수님은 말씀대로 하시는 분이십니다. 미사성제에서 예수님을 받아 모실 때 여러분의 존재와 가진 모든 것을 그분께 드리십시오. 그분의 거룩하고 신적인 뜻에 따라 정신과 몸과 마음과 영혼을 치유해주시길 청하십시오. 그런 다음 예수님께서 여러분을 치유하시도록 내맡기십시오. 어떤 때는 분명하게 또 즉석에서 치유될 것입니다. 그렇지 않을 때도 있습니다. 대부분의 사람들은 우리 주 예수님께서 당신 성체의 현존으로 우리 안에서, 우리를 통하여 강력하게 움직이시도록 맡겨드리는 가운데, 시간이 지남에 따라 점차적인 과정으로 치유를 체험하게 될 것입니다. 성체를 모시면 항상 영적인 치유가 일어납니다.

의학적, 심리학적 통계를 보면 충분히 사랑을 받지 못한 사람들은 다른 이들보다 더 많이, 아니 훨씬 더 많이 암과 심장병을 앓게 됩니다. 사랑 없음이 그런 심각한 질병의 원인이 된다면 노골적인 잔인함은 말할 것도 없지 않겠습니까! 여러분 안에 계속 남아 있는 잔인한 행위들을 생각해볼 수 있습니다. 저는 존 햄프쉬(John Hampsch) 신부님의 <기억의 치유>라는 테이프를 듣기 전까지는 우리가 얼마나 잔인할 수 있는지 깨닫지 못했습니다. 존 햄프쉬 신부는 부모와 자녀, 고용주와 고용인, 그리고 다른 관계에서 일어나는 수많은 잔인한 행위를 열거합니다. 이 행위들 속에는 친절을 소홀히 한 경우는 제쳐놓고 노골적인 잔인한 행위만 포함시키고 있습니다. 우리 중 얼마나 많은 이들이 시시때때로 잔인함 때문에 심하게 충격적인 상처를 입었습니까? 우리 모두는 때때로 깊은 상처를 입지 않았습니까? 우리 대부분이 그렇습니다. 잔인함 때문에 끝내는 감옥까지 간 사람들이 얼마나 많습니까? 그런 이들은 흔히 반사회적인 행동으로 응답했습니다. 우리에게 필사적으로 성체성사가 필요한 이유가 바로 그 때문입니다. 우리는 치유의 대가이시며, 가장 훌륭한 정신과 의사이신 예수님을 모셔야 합니다. 예수님, 성체성사 안에 계시는 예수님이 바로 그 대답이십니다!

미국 감옥의 죄수들에 관한 통계를 보면 대다수의 사람들이 한 번도 그들의 아버지와 좋은 관계를 가진 적이 없었습니다. 그들에게는 부자 관계의 치유가 필요한데, 이는 아버지 사후에

라도, 또는 아버지가 그 과정에 참여할 수 없더라도 이루어질 수 있습니다.

<아버지와의 관계 치유 Healing the Father Relationship> (HOM Books, 108 Aberdeen St. Lowell, Massachusetts 01825, 1996)라는 제 책에서 저는 이 문제들을 열거하고 더 중요한 것은, 해결책을 제시합니다.

육체적으로 큰 고통을 겪는 가운데서도 큰 기쁨, 그야말로 황홀감을 체험하는 것이 가능할까요? 저는 극심한 고통 중에 있는 사람들이, 예수님이 그들을 기다리고 계신다는 것을 알기 때문에, 천국의 문이 그들에게 열려져 있다는 것을 알기 때문에, 가장 기쁘게 죽는 것을 목격했습니다. 죽기 직전에 성체를 모실 수 있다는 것은 커다란 축복입니다. 죽어가는 많은 암 환자들이, 매일 성체를 모시고 죽음을 그토록 잘 준비할 수 있는 훌륭한 기회를 가지고 있다는 사실 때문에, 이런 종류의 죽음의 긍정적인 측면에 대해서 언급했습니다. 우리는 영성체 때 주님이시고, 구세주이시며, 치유자이신 예수 그리스도를 모시기 원하는 이들을, 성체를 모시러 나오라고 부릅니다. 이는 가톨릭 교회가 아닌 그리스도교회에서 행하는 것과 같은 진짜 "제단

에로의 부르심"입니다. 가톨릭 신자들은 성체를 모신 뒤 자리로 돌아가서 주 예수님과의 깊은 친교로 들어갑니다. 가톨릭교회가 아닌 그리스도교회에서 행하는 제단에로의 부르심에 응답하여, 이제 예수 그리스도와 인격적 관계를 맺고 있다고 말하는 가톨릭신자들을 만난 적이 있습니다. 그렇지만, 가톨릭교회에서는 미사 때마다 "제단으로 부르심"이 있습니다. 우리 가슴에 예수님을 모시는 것보다 더 인격적인 것이 무엇이겠습니까! 모든 가톨릭신자들은 영성체 안에서 예수 그리스도와 깊은 일치의 체험을 해야 합니다.

두음문자 E-U-C-H-A-R-I-S-T 를 기억하십시오!

두음문자 E-U-C-H-A-R-I-S-T 를 기억하십시오!

영성체의 중요한 개념들을 기억하도록 돕기 위하여, 그 뼈대가 되는 두음문자를 사용할 것입니다. 이것이야말로 중요한 사실들을 간직하고 모든 정보를 요약하는데 도움이 됩니다.

E-U-C-H-A-R-I-S-T의 "E"

"E"는 "ETERNAL LIFE 영원한 생명"을 나타냅니다. "내 살을 먹고 내 피를 마시는 사람은 영원한 생명을 얻고 나도 마지막 날에 그를 다시 살릴 것이다."(요한 6,54). 과학 실험실에 가서 자신이 죽으면 즉시 시신을 냉동하는데 서명을 한 사람들이 있다는 것을 아십니까? 이 사람들은 미래에 과학이 그들의 시신을 녹여서 어떤 유형의 화학성분을 주사하면 다시 살아날 수 있을 거라고 느낍니다.

예수님께서는 그보다 더 좋은 생각을 가지고 계십니다. 그분은 우리에게 영원한 생명을 주십니다! 우리는 과학자들 특히 정신과 의사들이 사후 세계가 있다는 과학적인 증거를 가지고 있다고 말하는 시대에 살고 있으니 참 행복합니다. 또한 우리는 다음 세상에 갔다가 되돌아 온 수천 명의 사람들의 증거를 가지고 있습니다. 그들의 증거는 실제적으로 다 같습니다. 우리는 과거에 믿음으로 믿었던 모든 것이 과학자들에 의해 어느 정도 증명이 되고 있는 있음을 알고 있기에 참 행복합니다.

 영원한 생명은 모든 사람의 마음속에 있는 열망입니다. 토마스 아퀴나스 성인은, 그 열망이 성취되지 않을 거라면 하느님께서 우리 마음에 넣지 않으셨을 거라고 말합니다. 내가 추수 감사절 저녁을 먹으면서 이것에 대해 친척들에게 열정적으로 말했을 때, 제 어머니가 몇 년 전에 임사 체험을 했다고 말했습니다. 그녀는 하늘 문까지 갔다가 되돌아 온 것입니다. 그런 종류의 체험을 한 사람이 인구 중 5%로 측정되고 있습니다. 천 명 중에 적어도 50명은 그와 같은 체험을 한 것입니다. 그러므로 요한복음 6장을 들으시면 기뻐서 가슴이 뛸 것입니다. 우리가 예수 그리스도의 살을 먹고 피를 마실 적마다 그것은 우리가 영원무궁토록 산다는 미래 구원의 보증입니다.

영원! 영원에 대해서 무슨 말을 할 수 있을까요? 한 가지는 말할 수 있습니다. 영원에 대해 적합한 개념을 가진 사제나 부제는 한 사람도 없다는 것입니다. 이 세상 사람들 중에 영원에 대한 적합한 생각을 가지고 있는 이도 하나도 없습니다. 왜냐하면, 영원이란 무한하고 우리의 정신은 유한하며, 제한된 것이기 때문입니다. 그러나 때때로 우리는 끝없는 시간에 대해 슬쩍 엿보기도 합니다.

최근에 저는 과학자들이 9백만 년 전 창조 때에 무슨 일이 일어났는지에 대해 한 말을 읽었습니다. 9백만 년 전이라면 .... 그 생각이 우리에게 영원한 생명을 주신 하느님을 찬미하는 그리스도교 신자의 보상에 대해 슬쩍 엿보게 해줍니다!

E-U-C-H-A-R-I-S-T의 "U"

"U"는 "UNION WITH JESUS CHRIST 예수 그리스도와의 일치"를 나타냅니다. 예수님께서는 분명히 말씀하셨습니다. "내 살을 먹고 내 피를 마시는 사람은 내 안에 머무르고 나도 그 사람 안에 머무른다."(요한 6,56). "너희가 내 형제들인 이 가장 작은이들 가운데 한 사람에게 해준 것이 바로 나에게 해준 것이다."(마태오 25,40). 여러분이 가족 중 한 사람에게 해준 것이 그 가족 안에 계시는 예수님께 해드린 것입니다. 손을 들어 가슴에 대어보십시오. 예수님의 말씀이 진실이라면 여러분이 가슴에 손을 댈 때 예수님을 만지는 것입니다. "내가 네 안에 머무르듯이 너희도 내 안에 머물러라."(요한 15,4). 예수님과의 일치는 성화의 은총을 증대시킴으로써 성체를 받아 모실 때마다 강화됩니다. 마더 테레사는 수녀들에게 영성체 때 예수님을 만질 것이라고 말하곤 했습니다. 그들은 가난한 이들 안에서 이와 동일하신 예수님을 섬기는 것이었습니다. 빈첸시오 바오로 성인은, "우리는 사람들 안에 계시는 예수님을 발견하기 위해서 기도 중에 만나는 예수님을 떠나는 것"이라고 말했습니다.

E-U-C-H-A-R-I-S-T의 "C"

"C"는 "CHRIST JESUS TRULY PRESENT 성체 안에 진실로 현존하시는 그리스도 예수님"을 나타냅니다. 우리나라에서는 양극화 현상이 점점 더 커지고 있습니다. 예수님께서 성체 안에 진실로 현존하심을 부인하는 이들이 있지만, 저는 본당에서 지속적인 성체조배로써 예수님의 참된 현존을 긍정하는 이들이 점점 더 많아지고 있음을 하느님께 감사드립니다. 저는 여러분이 지속적인 성체조배를 이상으로 여기고 본당 사제에게 말해서 이를 널리 알리기를 권합니다. 지속적인 성체조배를 하는 본당에서는 이로 인하여 엄청난 치유와 힘이 있다는 것을 알고 있습니다. 우리는 한쪽에서 반대쪽으로 양극화되고 있으니 그럴 때는 긍정적인 면을 강조해야 합니다. 지속적인 성체조배를 우리 시대의 이상으로 간직하십시오. 우리는 예수님의 현존이라는 이 위대한 선물을 경축해야 합니다. "보지 않고서도 믿는 이는 행복합니다."(요한 20,29).

저는 미국 뉴 멕시코(New Mexico) 주 글로리엣타(Glorietta)에서 이전에 무당 노릇을 한 이로부터 성체 안에 계시는 예수님의 참된 현존에 관한 가장 훌륭한 이야기를 들었습니다. 그녀는 한 무리의 사제들에게 말했습니다. 무속의 아주 높은 위치에 있던 그녀는 주술의 여러 방법에 대해서 알고 있었습니다. 사탄이 성삼위일체를 모욕하고 모독하려고 할 때 그의 밀사들을 성공회나 오순절 복음교회, 또는 감리교회나 침례교회에 보내지 않는다고 그녀는 말했습니다. 사탄에 의해 밀사가 로마 가톨릭교회 사제가 축성한 성체를 가져가기 위해 가톨릭교회로 보내진다는 것입니다. 사탄은 성체가 예수님의 참된 현존임을 믿고 예수님을 모독하는 지름길이 그분의 참되고, 진정한 현존을 모독하는 것임을 알고 있다고 그녀는 말합니다. 어떤 가톨릭 신자들은 성체를 믿지 않는데 사탄 숭배자들은 믿는다니 놀랍지 않습니까? 이전에 무당이었던 그녀는 매일 미사와 성체를 통하지 않고서는 자신이 결코 그 생활을 벗어날 수 없었을 거라고 말했습니다!

E-U-C-H-A-R-I-S-T의 "H"

"H"는 "HEALING 치유"를 나타냅니다. 어떤 분들은 미주리 주 쌩 루이스의 자비 제작 회사(Mercy Foundation)가 만든 "그분의 생생한 현존"이라는 비디오가 온 나라를 돌아다니는 걸 본 적이 있을 것입니다. 그 비디오는 성체의 기적들을 기록한 것인데 오늘 날 그 기적들은 점점 더 흔해지고 있습니다.

찰스 바네트(Charles Banet)신부는 텍사즈 주 갈베스톤(Galveston)에서 저와 함께 사는 사제 중 한 사람입니다. 그는 전립선암으로 방사선 치료를 받고 있었다고 말했습니다. 어느 날 의사가 와서 "신부님, 혈구수치가 너무 낮아서 방사선 치료를 계속할 수가 없습니다."라고 말한 것입니다. 저는 선교 팀과 함께 있었는데, 공항으로 떠날 참이었습니다. 우리는 시간이 빠듯했는데 바네트 신부가 집에 와서 "여러분들이 저를 위해 기도해주시기 바랍니다."고 했습니다. 우리는 지금 떠나야 하므로 기도해줄 수 없다고 신부님에게 말했습니다. 우리 팀 중 한 사람이 영감을 받아 말했습니다. "신부님, 미사를 드리실 거지요. 예수님의 성혈을 마실 때 수혈을 해 달라고 말씀드리십시오." 그의 턱이 떡 벌어졌고 기분이 상한 것 같았습니다. 그 다음 날 그는 성혈을 마실 때 주님께 말했습니다. "주 예수님, 저에게 수혈을 해주십시오." 그냥 그렇게만 말했습니다. 그는 갈베스톤의 대학교 메디칼 센터에 다시 갔습니다. 무언가가 잘못되었는지 그들은 채혈을 세 번이나 했습니다. 마침내 그 의사가 들어와 말했습니다. "신부님 피가 완전히 깨끗합니다." 신부님이 말했습니다. "선생님, 72년 살아온 제 평생 동안 제 피가 깨끗했던 적은 한 번도 없습니다. 어릴 적부터 철분을 너무 많이 섭취했거든요." 의사가 말했습니다. "신부님 피는 완전해요. 한 가지 문제는 혈구 수치가 약간 적다는 것뿐입니다." 바네트 신부는 이렇게 대답했습니다. "그건 예수님의 혈구이기 때문입니다." 그 유태인 의사는 못 믿겠다는 듯이 그를 쳐다보았습니다.

로즈 케네디 여사는 이런 질문을 받았습니다. "당신 가족에게 일어난 극심한 충격들 때문에 어떻게 살 수 있었습니까? 그토록 상처를 많이 받고 자녀들로 인해 고통을 너무 많이 겪으셨지요." 그녀가 말했습니다. "제 믿음이었지요." 우리는 로즈 케네디가 매일 미사에 가서 성체를 영한 것을 알고 있습니다. 그녀를 지탱해준 힘이 성체였다는 것을 저는 확신합니다. 성체를 받으러 나오실 때 치유에 열린 마음으로 오십시오.

E-U-C-H-A-R-I-S-T의 "A"

"A"는 "ABANDONMENT 포기"를 나타냅니다. "너희 마음이 산란해지는 일이 없도록 하여라. 하느님을 믿고 또 나를 믿어라."(요한 14,1). 우리가 그려볼 수 있는 가장 위대한 포기는 바로 성체 안에 계시는 주 예수님이십니다. 성체가 축성된 다음 여러분이 받아서 손에서 부술 수 있기 때문입니다. 여러분은 성체를 더럽힐 수 있는 힘이 있습니다. 예수님은 당신을 방어하시거나 천사들에게 당신을 보호하시라고 요청하지 않으십니다.

예수님께서 포기라는 말을 하실 때 그분은 성체로 오시면서 가장 완전한 포기의 모범을 보여주십니다. 우리 가운데 계시는 예수 그리스도이신 성체께 최상의 존경을 드리는 이유가 바로 그것입니다. 저는 그것이 성체를 열렬히 사랑하셨던 막시밀리안 콜베 성인의 위대한 동기였다고 생각합니다. 세계 제2차 대전 중 독일 군인에 "이제 이 사람을 골라서 굶어 죽게 할 것이다."라고 말했을 때, 콜베 신부님은 말했습니다. "그 사람을 데려가지 마십시오. 그에게는 아내와 가족이 있으니 나를 데려가십시오." 콜베 신부님은 다른 아홉 명과 함께 벙커에 넣어져 굶어 죽었습니다. 독일 군인들이 왔을 때 아홉 명은 이미 죽어 있었고 콜베 신부님은 아직 살아서 기도하고 있었습니다. 기도할 때 영적인 에너지를 얻으므로 그 에너지가 그를 살아있게 한 것입니다. 군인들은 신부님에게 석탄산 주사를 놓아 죽였습니다.

콜베 신부님은 성체께 대한 엄청난 사랑과 정성을 간직하셨습니다. 예수님께서 성체 안에서 우리에게 당신 자신을 내놓으신 것처럼 콜베 신부님은 참으로 자신을 포기하였습니다. 그 아사 시간에 콜베 신부님은 주님께 자신을 내어드리고 세상에 주 예수 그리스도와 동료들에게 대한 완전한 헌신과 이타적인 사랑을 보여주었습니다.

E-U-C-H-A-R-I-S-T의 "R"

"R"은 "RECONCILIATION 화해"를 나타냅니다. "너희가 다른 사람들을 용서하지 않으면, 아버지께서도 너희의 허물을 용서하지 않으실 것이다."(마태오 6,15). 이 말씀을 정말 믿는다면 무서운 말씀입니다! 교황님께서는 성체가 화해로 이끌고 화해는 성체로 이끈다고 말씀하셨습니다. 우리는 순수하기를 바랍니다. 우리 마음에 주님을 받아 모실만큼 깨끗하기를 바랍니다. 그래서 화해의 성사를 매우 자주 받아야 합니다. 어느 신부님이 제게 말했습니다. "17년 동안 저는 매주 화해의 성사를 받았는데, 그것이 저에게 엄청난 도움이 되었습니다." 그래서 제가 혼잣말을 했습니다. "그 신부님이 할 수 있다면 나도 할 수 있다." 그래서 저도 매주 한 번 고백하려고 노력합니다. 오랫동안 화해의 성사를 받지 않은 분이 계시다면 지금이야말로 성체를 모실 준비를 갖추기 위해 그 성사를 받을 시간입니다.

또, 우리는 용서할 필요가 있습니다. 저는 몇 년 전에 낸시 케리간이 철 망치에 맞아 무릎이 다 부서진 후 낸시 케리간(Nancy Kerrigan)-타냐 하딩(Tanya Harding) 사건에 관하여 일어난 이야기를 아직도 기억합니다. 보스톤 교외에 살던 낸시 케리간은 자기 본당에 가서 복되신 성체 앞에 꿇어 앉아 타냐 하딩이 그녀에게 한 짓을 용서했습니다. 이것은 화해의 아름다운 모범입니다! 화해를 합시다. 용서하십시오! 용서하십시오! 용서하십시오!

제 친척 한 사람은 몇 년간 화해의 성사를 멀리했습니다. 그가 암으로 죽어가고 있을 때, 가족이 사제를 불러 그의 고해를 듣고, 성체를 모시게 하고 그에게 기름을 발라주려고 했습니다. 이 사람은 매번 사제를 거부했습니다. 마지막으로 삶의 끝 무렵에 그는 사제가 들어오는 것을 허용하고 화해의 성사를 받았습니다. 그때 저는 스무 살이었고 신학교에서 공부하고 있었습니다. 사제가 떠나자마자 제가 들어갔습니다. 이 친척이 저에게 한 말을 저는 결코 잊지 못합니다. 그가 제 존재의 중심을 꿰뚫는 말을 했습니다. 그의 말은 쌍날칼처럼 저를 뚫고 들어왔습니다. 그가 말했습니다. "40년 전에 이 성사를 받았으면 좋았을 걸." 그는 죽기 전에 성사의 치유력을, 특히 성체 안에 계시는 예수님의 치유력을 발견했던 것입니다. 우리가 성체를 모시러 나갈 때마다 예수님께서 어떤 모양으로든지 우리를 치유하신다는 것을 발견하게 되었습니다. 치유자신 예수님께서 우리 안에서 조용히 무슨 일을 하고 계시는지 보통 의식하지 못합니다. 그러나 우리는 우리 몸의 내장 기관들(신장, 심장, 신경조직)

이 바로 그 시간에 어떻게 작용하고 있는지 깨어 의식하고 있습니까?

E-U-C-H-A-R-I-S-T의 "I"

"I"는 "INTIMACY 친밀감"을 나타냅니다. "내 안에 머물러라. 나도 너희 안에 머무르겠다."(요한 15,4). 한 부인이 저에게 말했습니다. "신부님, 제 삶에는 무언가가 빠져 있었어요. 가톨릭 신자가 되었죠. 그리고 저는 그걸 성체 안에서 찾았어요." 최근에 저는 아주 훌륭한 어떤 부인에게 말을 하고 있었습니다. 그녀가 성체를 모시러 나갈 때 주님의 현존을, 그녀를 사로잡는 힘을 느낄 수 있다고 저에게 말해주었습니다. 그녀는 성체를 받은 다음에 자리로 돌아갑니다. 그녀는 자신이 능력으로 충만한 것을 느낍니다. 감사를 드린 다음 일어서려고 하면 몸이 너무 무겁고, 뿌리가 박힌 것처럼 느낍니다. 그것은 그녀 안에 계신 주님의 현존이 너무나 크기 때문입니다. 우리 모두가 그와 비슷한 체험을 한다면 얼마나 좋겠습니까!

1973년, 성체에 관한 저의 믿음은 서인도 제도 그라나다 섬에 있는 기도의 집에 사는 어느 소박한 수녀의 믿음으로 말미암아 강화되고 확고해졌습니다. 어느 날 그 수녀가 저에게 와서 말했습니다. "신부님, 감실에서 흘러나오는 능력을 느낄 수가 없어요." 저는 단 한 번도 감실에서 뭔가가 나오는 것을 느낀 적이 없었습니다. 그러나 그녀를 기쁘게 해주기 위하여 감실로 다가갔습니다. 제가 감실을 열었을 때, 저는 성체 조각들이 성체를 담은 그릇에 들어간 물에 녹아 있는 것을 발견했습니다. 저는 충격을 받았습니다. 그녀가 옳았습니다. 예수님께서 그 안에 계시지 않았기 때문에 그녀가 아무 것도 느낄 수 없었던 것입니다. 물이 그릇에 들어가서 성체 조각들을 녹인 것입니다. 트렌트 공의회가 그렇게 말하고 가톨릭교회의 교리서 18항에서 "성체 안에 계시는 그리스도 예수의 현존은 축성 때에 시작되고 성체 조각이 존재하는 한 지속된다."고 재천명하고 있기 때문에 우리는 그 사실을 압니다. 축성된 빵인 조각들이 더 이상 존재하지 않았습니다. 물이 성합 속에 들어가서 녹아버렸던 것입니다. 저는 모든 사람이 감실에서 발산하는 예수님의 힘과 사랑을 느끼고 그분의 은총이 삶에 어떤 영향을 끼치는지 인식했으면 좋겠습니다.

성체를 제쳐놓고는 예수 그리스도와 맺는 인격적 관계란 없습니다. 사제들이 이 아름다운 선물에 관해 더 많이 강론을 해야 하겠습니다.

E-U-C-H-A-R-I-S-T의 "S"

"S"는 "SACRIFICE 희생"을 나타냅니다. "아버지나 어머니를 나보다 더 사랑하는 사람은 나에게 합당하지 않다. 아들이나 딸을 나보다 더 사랑하는 사람도 나에게 합당하지 않다. 또 제 십자가를 지고 나를 따르지 않는 사람도 나에게 합당하지 않다."(마태오 10,37-38).

E-U-C-H-A-R-I-S-T의 "T"

"T"는 "TRANSFORMATION 변모"를 나타냅니다. "그리스도 예수님께서 지니셨던 바로 그 마음을 여러분 안에 간직하십시오."(필립 2,5). 이 마음의 가장 위대한 모범은 서간에 나오는 사람, 다음과 같이 말한 그 사람이라고 생각합니다. "사실 나도 한때 나자렛 사람 예수님의 이름을 반대하여 많은 일을 해야 한다고 생각했습니다. 그리고 그 일을 예루살렘에서 하였습니다. 나는 수석 사제들에게서 권한을 받아 성도들 가운데에서 많은 이를 감옥에 가두고 그들을 처형할 때에도 찬성표를 던졌습니다. 또 자주 회당마다 다니며 그들에게 형벌을 주어 예수님을 모독하도록 강요하였습니다. 나는 그들에게 너무나 격분하여 나라 밖 여러 고을까지 그들을 쫓아갔습니다."(사도행전 26,9-11). 그런 다음, 이 남자는 살인자의 입장에서 정반대쪽 끝까지 가서는 시인이 되어 썼습니다. "사랑은 참고 기다립니다. 사랑은 친절합니다. 사랑은 시기하지 않고 뽐내지 않으며 교만하지 않습니다. 사랑은 무례하지 않고 자기 이익을 추구하지 않으며 성을 내지 않고 앙심을 품지 않습니다."(1코린 13,4-5). 살인자 바오로가 극을 달려서 시인 바오로가 되게 한 원인은 무엇이었을까요?

"하느님께서 나에게 베푸신 은총은 헛되지 않았습니다."(1코린 15,10). 그분의 은총에 대해 하느님을 찬양하십시오! 저는 다마스코스로 가는 길에 예수님께서 한번 바오로를 건드리셨기 때문에 바오로가 성체성사를 통해 깊은 영향을 받았다고 진실로 믿지만, 바오로는 거친 성격이었으므로 주님께서 여러 번 건드리셨다고 생각합니다. 주님께서는 말씀과 성체의 빵이라는 현존을 통해 그를 모든 성인 가운데 가장 위대한 성인의 한 사람으로 변모시키셨다는 것을 믿습니다.

위의 성체성사의 두음문자에 덧붙여, 영성체 후 5분간의 침묵이 너무 힘들다고 말하는 이들을 위하여 예수님과 함께 대화를 나누시는데 도움이 되도록 제대 ALTAR의 두음문자를 제공합니다.

A-L-T-A-R

A는 주님을 흠숭하는(ADORE) 것을,
L는 주님을 사랑하는(LOVE) 것을,
T는 주님께 감사하는(THANK) 것을,
A는 필요한 것을 주님께 청하는(ASK) 것을,
R는 특별한 방식으로 주님과 함께 살아가기로 결심하는 (RESOLVE) 것을 뜻합니다.

이제 눈을 감으시고 예수님의 손에서 성체를 받으시는 모습을 그려보십시오. 여러분이 나와서 성체를 받으시는 그 모습에 주목하시며, 성체분배를 하는 이가 사제나 종신부제나 성체분배자가 아니라고 상상해보십시오. 예수님께서 여러분에게 하시는 말씀을 들으십시오. "받아먹으라. 이는 너의 치유를 위해 주는 내 몸이다." 성체를 받으시면서 바로 그 순간에 주님께 말씀드리십시오. 다음 성경 구절을 묵상해보십시오.

"제자들 가운데 많은 사람이 예수님께서 말씀하시는 것을 듣고 말하였다. '이 말씀은 듣기가 너무 거북하다. 누가 듣고 있을 수 있겠는가?' 예수님께서는 제자들이 당신의 말씀을 두고 투덜거리는 것을 속으로 아시고 그들에게 이르셨다. '이 말이 너희 귀에 거슬리느냐? 사람의 아들이 전에 있던 곳으로 올라가는 것을 보게 되면 어떻게 하겠느냐? 영은 생명을 준다. 그러나 육은 아무 쓸모가 없다. 내가 너희에게 한 말은 영이며 생명이다. 그러나 너희 가운데에는 믿지 않는 자들이 있다.' 사실 예수님께서는 믿지 않는 자들이 누구이며 또 당신을 팔아넘길 자가 누구인지 처음부터 알고 계셨던 것이다. 이어서 또 말씀하셨다. '그렇기 때문에 아버지께서 허락하지 않으시면 아무도 나에게 올 수 없다고 너희에게 말한 것이다.'

이 일이 일어난 뒤로, 제자들 가운데서 많은 사람이 되돌아가고 더 이상 예수님과 함께 다니지 않았다. 그래서 예수님께서는 열두 제자에게, '너희도 떠나고 싶으냐?' 하고 물으셨다. 그러자 시몬 베드로가 예수님께 대답하였다. '주님, 저희가 누구에게 가겠습니까? 주님께는 영원한 생명의 말씀이 있습니다. 스승님께서 하느님의 거룩하신 분이라고 저희는 믿어 왔고 또 그렇게 알고 있습니다.'(요한 6,60-69).

 1529년, 마르틴 루터(Martin Luther)는 독일 막데부르그(Magdeburg)에 있는 성에서 분필로 칠판에다 "이는 내 몸이다." 라는 말을 써놓았습니다. 그 메시지를 보면 그리스도의 몸과 피가 성체의 빵과 포도주 안에 실재한다는 신학적 믿음에 어떠한 타협도 허용하지 않았던 것입니다. 최초의 프로테스탄트인 마르틴 루터는 가톨릭 사제였으며, 아우구스티노 수도회 수사였습니다. 그는 예수님께서 성체 안에 온전히 현존하심을 믿었습니다.

 여러분에게 그 지역 약국에서 제조회사로부터 방금 받은 약 1회 분량을 다음과 같이 선전한다고 상상해보시기를 청합니다. 그 약을 하루에 한 숟갈씩 먹으면 지금부터 100년을 더 산다고 합시다. 1회 복용으로 21살로 되돌아가서 100년을 더 살 수 있다고 상상해보십시오. 사람들은 얼마가 들든지 100달러짜리를 한 뭉치 들고 몇 마일이나 줄을 설 것입니다. 어느 날 약국에서, 먹으면 행복하게 만들어주는 새 약을 선전한다면, 그리고 100년간 완전히 행복해진다면, 사람들이 줄을 서겠지요. 은행에 가서 저금을 다 꺼내올 것입니다.

그런데 복음서에서는, 예수님께서 내 살과 피를 받아먹고 마시면 100년만 더 사는 것이 아니라, 100년만 행복해지는 것이 아니라, (행복하게) 영원히 살 거라고 말씀하시지 않습니까? 놀랍지 않습니까?

사람들이 죽어 하늘에 가면 성체성사의 실재를 알게 되어 다음과 같이 말하지 않을까 싶습니다. "우리가 먹고 마신 것이 이토록 위대한 것인 줄 몰랐습니다! 우리 신부님들은 우리에게 이 실재를 제대로 전해주지 못했습니다." 저는 누구라도 진심으로 우리 구세주께 "주 예수님, 성체성사 안에 당신의 현존의 위대함에 관해서 한 번도 제대로 들은 적이 없었습니다."라고 말할 것을 원하지 않습니다.

다음 신문 기사가 저의 주의를 사로잡았습니다:

"사람은 로또 당첨에 거의 속임수를 당한다." 이 일은 버지니아 주 리치먼드에서 일어났다. 레이 버나드는 구설수에 올랐다. 그가 당첨표에 사기를 당한 것이다. 그가 당첨되었는데 4천 6백만 불을 잃었다고 말했을 때 아무도 그를 믿지 않았다. 그의 당첨 숫자가 나온 뒤로 석 달 이상 지난 뒤 어느 금요일에 그는

20회의 첫 지불액인 2억 3천 1백만 불짜리 수표를 받았다.

  5월8일에 버나드는 버지니아 주 알링턴에 있는 한 식료품점으로 걸어 들어가서 그가 뽑은 숫자 5,6,23,23,38을 넣었다. 이틀 후에 그의 숫자가 나왔다. 그가 식료품점에 다시 갔을 때 상점 주인은 그 표를 자기 주머니에 넣고 버나드에게 무료 뽑기에 당첨되었으니 한 번 더 뽑을 수 있다고 말했다. 며칠 후에 매릴랜드에 사는 한 사람이 당첨된 표가 그 상점에서 팔렸다는 공지를 보았다. 버나드는 숫자를 확인하고 그가 속은 것을 알고 주인에게 정면 대결을 했다. 그는 연방 수사국에다 불평을 했고, 수사국이 조사를 해서 상점 주인을 체포했으며, 버나드는 4천6백만 불을 찾았다. 그는 당첨되었는데도 하마터면 사기를 당할 뻔했던 것이다.

로또보다 훨씬 더 중요한 일: 주 예수 그리스도의 살과 피, 성체성사에 대해 어느 누구도 여러분을 속이지 못하게 하십시오.

  만일 여러분이 로또에 당첨되었다는 통지를 받는다면 그 지역 가톨릭교회에 가서 2백만 불의 상을 받고, 40년 동안 매달 2만5천 불을 받지 않으시겠습니까?

여러분이 성체를 모실 수 있는데도 받지 않으실 때마다 그보다 훨씬 더 많은 것을 잃는다는 것을 알고 계십니까?

여러분이 만일 토요일이나 주일에 제일 친한 친구 집에 가서 한 시간을 보내지 않는다면, 앞날을 망치게 될 것이며, 행복 즉 배우자, 아이들, 건강, 일, 자동차, 모든 재산을 잃을 수도 있다는 것을 깨닫게 된다면, 친구한테 가지 않으시겠습니까?

성체성사를 모실 수 있는데 모시지 않을 때마다, 그보다 더한 것을 망친다는 것을 알고 계십니까?

상당히 충격적이지요? 저는 그렇게 생각합니다! 그 이유는 성체성사를 통해서 영원토록 하느님과 함께 무제한의 행복을 누린다는 잠재력을 가지고 있기 때문입니다. 이 말은 하느님께서 우리에게 주실 행복에는 제한이 없다는 것을 뜻합니다. 우리는 100년을 채 살지 못하지만 이 모든 것이 우리를 기다린다는 말씀입니다.

영원! 하느님과의 영원한 행복! 영원은 얼마나 긴 시간일까요? 어떤 면에서 영원은 파악하기 어렵습니다. 그렇지만 영원을 좀 더 단순하게 바라볼 방법들이 있습니다. 여러분이 로또에 당첨되었다는 위의 첫 예를 보십시오. 그 숫자만을 바라보십시오. 75년(제한된 행복)과 백만 년, 1조 년, 1경 년(여러분의 가장 공상적인 꿈을 초월하는 행복) 중 어느 것이 더 긴 시간입니까? 물론 우리는 영원이 그보다 더 길게 이어진 시간이므로 영원을 제대로 알아듣지 못합니다. 그것은 "영원히" 계속되는 것이지요.

성체성사는 하느님의 영원한 축복을 우리에게 주는 것이므로 이 지상의 어떤 것보다 더 위대합니다! 눈으로 본 적이 없고 귀로 들은 적이 없으며 어느 누구의 마음에도 들어와 본 적이 없는 것을 하느님께서 당신을 사랑하는 사람들을 위해 준비하신 것입니다.

여러분이 상상해본 그 어떤 것보다 더 아름답고, 더 행복한 그곳으로 성체성사가 여러분을 데리고 갈 수 있습니다! 얼마나 더 위대한 것일까요! 그보다 훨씬 더 위대한 동기유발을 청할 수 있겠습니까!

결론

예수님께서 성체성사의 신비의 기초를 놓으신 요한복음 6장을 묵상하는 데에는 아무리 많은 시간을 쏟아도 충분하지 않습니다. 저는 이 거대한 선물로 한층 더 깊이 우리를 데려가 줄 가장 중요한 말씀으로 결론을 내리겠습니다.

"그러자 '저 사람이 어떻게 자기 살을 우리에게 먹으라고 줄 수 있단 말인가?' 하며, 유다인들 사이에 말다툼이 벌어졌다. 예수님께서 그들에게 이르셨다. '내가 진실로진실로 너희에게 말한다. 너희가 사람의 아들의 살을 먹지 않고 그의 피를 마시지 않으면, 너희는 생명을 얻지 못한다. 그러나 내 살을 먹고 내 피를 마시는 사람은 영원한 생명을 얻고, 나도 마지막 날에 그를 다시 살릴 것이다. 내 살은 참된 양식이고 내 피는 참된 음료다. 내 살을 먹고 내 피를 마시는 사람은 내 안에 머무르고, 나도 그 사람 안에 머무른다. 살아 계신 아버지께서 나를 보내셨고 내가 아버지로 말미암아 사는 것 같이, 나를 먹는 사람도 나로 말미암아 살 것이다. 이것이 하늘에서 내려온 빵이다. 너희 조상들이 먹고도 죽은 것과는 달리, 이 빵을 먹는 사람은 영원히 살 것이다.' 이는 예수님께서 가파르나움 회당에서 가르치실 때에 하신 말씀이다."

"하느님은 사랑이시다."(1요한 4,16). 저는 미사성제에서 이 성경 말씀을 분명히 본다고 생각합니다. 사랑하시는 하느님만이 그런 사랑의 성사를 제정하실 수 있습니다.